18歳からはじめる国際法

佐藤哲夫・渡辺 豊・中西優美子 編

Sato Tetsuo, Watanabe Yutaka & Nakanishi Yumiko

法律文化社

はしがき

　本書『18歳からはじめる国際法』は〈18歳から〉シリーズの1冊として、大学に入学したばかりの学生や、18歳未満であっても国際社会に関心のある皆さんに容易に理解できることを目指して刊行される。

　本書中でも度々言及されている、ロシアによるウクライナ侵攻やイスラエルによるガザにおける武力衝突など、国際社会には多くの混乱が見られる。そのような動きは日本にも大きな影響を与えている。国際社会の動きを知る上で、国際法は1つの視点を与えてくれる。国際社会のルールはどのようなものであり、どのように守られているのだろうか。本書はそのような点を扱う。

　本書の目的は、国際法の基本的な内容を簡潔ではあるが正確に説明し、読者が国際法の必要最低限の知識が得られるようにすることである。また、可能な限り最新の動きについても目配りし、現状をよりよく理解できるようにも試みた。それにより、国際法に興味のある学生だけではなく、法律学や国際法になじみのない読者でも関心が持てるように工夫を凝らした。具体的な使い方は「本書の構成と読み方」を参照して頂きたい。

　本書は、巻末に掲げた基本文献案内に紹介されている他の国際法の教科書と比較しても圧倒的に分量が少ない。よって簡単に通読することができる。また、読み進め易くするために、側注やクロスレファレンスで様々な工夫を施した。本書を一読し、国際法の全体的な見取り図がおぼろげながらでもつかめれば、私たちとすれば望外の喜びである。

　本書の編者・執筆者は一橋大学大学院で国際法の研究を行った者であり、ぞれぞれの研究について相互に十分な理解がある。本書の執筆過程では、執筆者の意向を尊重しながらも、全体として分かりやすくかつ正確な説明がなされているかという観点から執筆者全員で綿密な意見交換を行った。

　本書の刊行に際しては法律文化社の畑光社長、編集部の梶谷修氏・八木達也氏に多大なるご尽力を頂戴した。ここに記して御礼申し上げる。

2025年3月
編者一同

　本書の編者である佐藤哲夫先生は、2024年度末をもって広島市立大学を退職されます。佐藤先生のこれまでのご指導に深く感謝申し上げます。

執筆者一同

　私の古稀の記念に、このような仕事を一緒に行えて嬉しい限りである。編集作業の大半を渡辺教授の献身的な努力に負うことを感謝と共に記す。

佐藤哲夫

本書の構成と読み方

　本書は全15章で国際法の全体的な事項を解説している。教科書としては、毎回の講義で1章ずつ講義を行うと1学期分の講義となることを想定している。

　本書の15章は5つの部に分かれている。第Ⅰ部（国際法の基本構造：1〜2章）は、そもそも国際法とは何か、どのようなルールなのかについて説明している。この内容を読めば、本書を読み進める基本的な知識が身につく。その後、他の興味のある章を適宜読み進めてほしい。以下の部では、事項別に国際社会の現状と課題について解説している。

　第Ⅱ部（国家・国際組織と国際法：3〜6章）は、国際法の主体に焦点を当てたものである。国家がどのような根拠によりどのような行為を行うことができるのか、そして国際組織とはどのようなものでありどのような活動ができるのかについて解説した。

　第Ⅲ部（領域・空間と国際法：7〜8章）は、国際法の規律対象となる空間的範囲である領域を中心に扱ったものである。ここでは国家の領域（領土・領空・領海）だけではなく、海洋における沿岸国の権限や資源の保全のための制度についても解説している。国家間の領土問題だけではなく、領土を越えた場所においても様々な問題があることが、第Ⅲ部を読めば容易に理解できるだろう。

　第Ⅳ部（国際社会の諸課題と国際法：9〜13章）は、第Ⅰ部〜第Ⅲ部の内容と対比すれば、国際社会における具体的な諸課題を扱っている。経済・環境・人権・戦争犯罪の処罰といった諸課題についての国際法の発展を見た上で、それらの問題を含む国際社会における紛争処理のあり方を解説している。

　第Ⅴ部（平和の維持・武力の規制と国際法：14〜15章）は、国際社会の最大の関心事と言ってもよい平和の維持と戦争の規制について扱っている。国際連合を中心とした集団安全保障体制と、戦争一般の規制に関するルールが体系的に扱われている。

　いずれの章でも、重要な用語・概念については同じページにある側注で確認できるようになっている。また、コラムによって本文の内容を補足し理解を深められるようにした。関連する事項についてはクロスレファレンスを付しているので、それに従って読み進めればより理解が深まる。本書を読み終えた後には、巻末の基本文献案内にある教科書を読み進めることで、よりよく国際法の知識が身につくようになっている。本書を入口として、国際法の世界を広く深く「遊泳」してみるとよいだろう。

編　者

目 次

はしがき
本書の構成と読み方

第Ⅰ部　国際法の基本構造

1　国際社会・国際法の特徴と国際法の歴史的展開 ……………………佐藤哲夫　2
　　1　国際社会・国際法の特徴／2　国際法の歴史的展開

2　国際法はどこに書いてある？　違反したらどうなる？ ……………渡辺　豊　8
　　1　国際法は具体的にどのように存在しているのか？／2　条約に関するルールはどのようなものか？／3　国際法と国内法の関係はどうなっているのか？／4　国際法に違反するとどうなるのか？

第Ⅱ部　国家・国際組織と国際法

3　国家として認められるには？ …………………………………………中村江里加　16
　　1　国家の要件／2　自決権／3　国家承認／4　国家の変動

4　外国で行われた法律違反を処罰できるのか？ ………………………渡邉剛央　22
　　1　国家管轄権／2　国家管轄権の競合の調整／3　国家管轄権の行使が制限される場合

5　国際組織は何をしているのか？ ………………………………………丸山政己　28
　　1　国際組織とは何か？／2　国際組織はどのような機能を果たしているか？／3　国際組織の法的な課題

6　EUは、「超国家」なのか？ ……………………………………………中西優美子　34
　　1　EU法は国際法なのか？／2　EUとは何だろう？／3　反対しても拘束される？／4　欧州議会では国ごとには座らない？／5　EUは条約を締結できるのか？／6　EU法の解釈の統一はどのようになされているのか？／7　EUにはどのような国が加盟できるのか？／8　EUからは脱退できる？

第Ⅲ部　領域・空間と国際法

7　国の主権はどこまで及ぶのか？ ………………………………………柳生一成　42
　　1　国家領域とは？／2　領域に関する国家の権利（主権）と義務／3　国家による領域の取得／4　裁判所による領土紛争の解決／5　日本の領土問題／6　現代における領域

8 漁業、生物資源の保全はどのような法的問題があるか？ ……………………… 佐藤智恵　48
　　　1　海は自由に利用できるのか？／2　漁業は自由？／3　その他の海洋生物・生態系の保護・保全は？／4　海洋環境保護に関する紛争解決について

第Ⅳ部　国際社会の諸課題と国際法

9 貿易紛争はどのように解決されているのか？ ………………………………… 佐藤弥恵　56
　　　1　WTO体制の成立と概要／2　WTOの紛争解決手続／3　国際投資法の概要

10 国際法は気候変動問題を解決できるのか？ …………………………………… 藤田大智　62
　　　1　気候変動問題と国際環境法／2　気候変動枠組条約体制の構築と発展／3　京都議定書／4　国際航空と国際海運由来の温室効果ガス排出規制／5　パリ協定／6　気候変動問題に取り組む国際法の課題

11 人権は国境を越えるか？ ………………………………………………………… 初川　彬　68
　　　1　国際人権法の展開／2　国際人権法の理論／3　人権条約の仕組み／4　日本の向き合い方

12 戦争犯罪の処罰はどのように行われるのか？ ………………………………… 竹村仁美　74
　　　1　戦争犯罪とは何か？／2　テロリストはどのように裁かれるのか？／3　国際刑事裁判所は悪い人を裁いてくれる正義の味方なのか？／4　ICCから逮捕状が出されたらどうなるのか？

13 国際法上の紛争はどのように解決されているのか？ ………………………… 石塚智佐　80
　　　1　戦争の違法化と国際紛争の平和的解決義務／2　紛争解決手段／3　ICJの制度と手続／4　国連海洋法条約の紛争解決手続

第Ⅴ部　平和の維持・武力の規制と国際法

14 国際社会の平和はどのように維持されているのか？ ………………………… 佐藤量介　88
　　　1　戦争の違法化／2　安全保障の組織化

15 「戦争」にもルールがあるのか？ ……………………………………………… 近藤　航　94
　　　1　自衛権／2　武力紛争法／3　中立法

基本文献案内
索　　引

第 I 部
国際法の基本構造

1 国際社会・国際法の特徴と国際法の歴史的展開

設例 国際社会における法の支配が謳われる一方で、2022年2月にロシアは一方的にウクライナ侵攻を開始し、市民に対する過度な損害を伴う攻撃を継続してきた。また2023年10月には、中東においてハマスによるイスラエルへの攻撃と人質の拉致を契機として、イスラエルによるガザ地区への大規模な反撃が大量の市民の殺傷を引き起こしてきた。いずれにおいても、国際社会において法ではなく、力がまかり通ってきたという印象を与える。このような事態を前にして、私たちは国際社会における国際法の存在と役割についてどのように考えればよいのだろうか。

1 国際社会・国際法の特徴

（1）国際社会と国際法 **国際法**（International Law）は主権国家が主要な構成員である国際社会の法である。そのため、主に国家間の関係を規律する法秩序であるが、現代では**国家以外の主体**（国際組織、個人、企業、NGO（Non-Governmental Organization：民間団体）など）に関する法規則も増えてきている。

国際法における**主体**すなわち**法主体**は、国際法上の権利・義務を有するとともに、権利を行使し義務違反の責任を問われる能力があるものをいう。国際政治においては影響力のある主体は**アクター**（行為体）として考察の対象とされるが、国際政治におけるすべてのアクターが国際法の主体であるわけではない。国際法はその歴史的な形成過程において国家間関係を規律するものとして発展してきたために、国家以外の主体はアクターとして影響力がある場合でも、その法主体としての地位はそれぞれ異なり、現在でも限定的である。

一口に国際法といっても、本書の以下の各章が扱っているように、現在では**多くの内容と分野**からなっている。国際法は主に**慣習法**と**条約**という形式で存在する一方で、主要な主体である国家の国内社会は国内法が規律する。こうしてまずは、国際法はどのようにして成立・存在するのか、国際法と国内法はどのような関係にあるのか、という法秩序の基本に関する分野（⇒本書❷）がある。それを前提として大まかには、「共存の国際法」と呼ばれる古くから存在する主権国家の共存の仕組みや手続に関する分野と、「協力の国際法」と呼ばれる主に第二次世界大戦後における国々の共通利益の認識を前提として国々の協力関係を規律・組織化する分野に分けることができる。

前者、「共存の国際法」には、国家（成立、権能、管轄権など）（⇒本書❸❹）、国家間関係（外交・領事関係など）、空間（国家領域、海洋、宇宙、空など）（⇒本書❼❽）、違法行為についての責任、紛争についての平和的解決（⇒本書⓭）や武力行使の規律（⇒本書⓮⓯）などが含まれ、国々が平和共存するのに不

---

1 国際法および国際法学の位置づけ

国際法（学）は国際社会を法的観点から考察する。国際社会を考察対象とする学問にはいろいろとあるが、国際関係（学：国際政治学）は政治学の視点から考察する。法（学）は大きく国際法（学）と国内法（学）とに分かれる。国内法は、憲法を頂点として、公法（行政法、刑法など）と私法（民法、商法など）などに分かれる。

2 国際公法と国際私法

国際法（学）は、国際私法（学）と対比して、かつては国際公法（学）と称されていたが、現在では国際法（学）という名称が一般的になっている。他方、国際私法（private international law）は抵触法（conflict of laws）とも称されることがあるが、渉外的（＝外国にかかわる）私法（＝私人間）関係に適用する法（＝国内法）を指定する法を指し、一定の限られた事項に関して条約があるほかは、各国の国内法によって国際私法の原則が定められている（日本では「法の適用に関する通則法」）。たとえば、国際結婚における子供の保護（親子関係の成立、認知）の準拠法として、どの国の関係国内法が適用されるのが適切かなどを考察するものである。

3 国家以外の主体（国際組織、個人、企業、NGOなど）

アクター（行為体）として存在する国家以外の主体（国際組織、個人、企業、NGOなど）が、国際法における主体すなわち法主体であるか否かは、それぞれが国際法とどのようにかかわっているかを個別に検討する必要がある。国家はすべて国際法の主体として認められているのに対して、国際組織と個人は国家により様々な条約（国際組織設立条約や人権条約）を通して一定程度の法主体性を認められているにとどまる。企業の場合は、より限定的（たとえば、投資紛争解決国際センターでの利用権など）であるし、NGOも基本的には国内法上の主体にとどまることが多い。国際法の主体でないアクターについては、たとえば

2　第Ⅰ部　国際法の基本構造

可欠な利益・権限の調整を役割とする。後者、「協力の国際法」には、協力関係の枠組みとしての国際組織や国際制度（⇒本書❺❻）、協力の実体的内容としての国際経済法（⇒本書❾）、国際環境法（⇒本書❿）、国際人権法（⇒本書⓫）、国際刑事法（⇒本書⓬）などが含まれ、共通利益の実現に向けて国々の協力関係を規律・組織化することを役割とする。

他方で、「共存の国際法」においても「協力の国際法」においても、原則や規則のあり方や制度・組織の整備されている程度などは、歴史的な発展経緯や国際社会の状況を反映して**分野ごとにかなり異なり**、結果として国際法としての遵守のあり方や程度も異なる。そのために、「国際法とは、……である。」というような画一的な評価をすることは危険である。これは国内法においても同様であり、憲法、刑法、民法などの異なる法分野では解釈のあり方や考え方もかなり異なることに留意する必要がある。

（2）**国際社会・国際法と国内社会・国内法の相異** 国際社会には200ほどの主権国家が存在するが、人口、軍事力、経済力、政治経済体制など、国家間の相異が著しい。他方で多くの国内社会では、自然人に着目すれば人々の間には国家間ほどの著しい差はない一方で、数百万人から数千万人という多くの人々が共生している。同じ社会といっても社会の構成員のあり方は対照的であり、その相異は社会を規律する法のあり方にも影響することになろう。

国際法の特徴をつかむには、私達にとって身近な国内法と対比することが近道である。**国内社会**においては、制度上、警察や軍隊などの実力組織が国家によって独占されるとともに、立法、行政、司法の権力が中央集権化されており、社会秩序の維持について高度に組織化されている。その意味で、国内法は集権的垂直的な構造の法秩序である。

これに対して**国際社会**においては、集権的な国内法秩序を有する国々から構成されており、国々は独立・併存し、国々の上に位置して、立法、行政、司法の権力を行使する中央政府が存在しない。その意味で、国際法は分権的

企業の人権侵害行為などについて国際法上の責任を追及するのは困難となる。

➡ **4　法主体**
国際法主体は国際法によって国際法上の権利・義務を有するとともに、権利を行使し義務違反の責任を問われる能力があるものとして認められたものを指す。その結果、国際法主体として認められていないアクターは、他のアクターから不当な侵害を受けた場合でも国際法上の救済を求めることができないし、逆に他のアクターに対して不当な被害を与えた場合でも当該他のアクターから国際法上の責任を追及されることはない。この意味で、国際法の提供する制度や手続きを利用することも、逆に強制されることもなく、国際法とは無関係の存在となる。

➡ **5　アクター（行為体）**
アクター（行為体）は一般に国際関係学（国際政治学）において使用される概念・用語であり、当該アクターが一定の影響力を有するために、国際社会における何らかの問題の分析・考察において検討対象とする必要があるものを指す。

➡ **6　慣習法と条約**
条約の特徴は成文法つまり文章で示されていること。二国間条約や多数国間条約などさまざまだが、条約は当事国のみを拘束するのが原則であり、参加しない自由や条約から脱退する自由がある。他方で、慣習国際法の特徴は不文法つまり文章で示されていないこと。慣習法は国々の実行が定着するこ

コラム❶-1　国際社会の実態と法の支配

国際社会に存在する200ほどの主権国家は、人口、軍事力、経済力などの点で国家間の相異が著しい。この円グラフは、人口の点での国々の相対的な比較と全体との関係での割合を示しており、普段、私たちが十分に意識していない国家間の差異・格差を象徴的に示している。自然人から構成される国内社会との大きな違いである。

国際法も国際連合も主権平等原則を基本原則の一つとしており、諸国間の事実上の差異を無視して、諸国をその規模や力の大小にかかわらず一律に扱う（国際組織における1国1票制度など）ことで、弱小国の主権を保護する機能を果たしている。しかし、国際社会においては、単に数の点での多数派の国々が世界の人口の過半数を代表している保証はないし、何らかの地球課題への解決策を提示してもその実施に不可欠な国々が含まれていないときには実効性を伴わないことになり得る。

こうして、数の力を過大評価してはならないし、国家間における様々な点での差異・格差と主権平等原則や法

の支配との間には常に緊張関係があることに留意する必要がある。

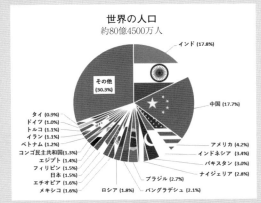

出典：円グラフは矢野恒太記念会（編）『世界国勢図会2024/25』（2024年）36-42頁を基に初川彬氏作成

ِとと、当該実行に従うことが法規則であるという意識が定着することという二つの要素（客観的要素と主観的要素）から構成される。慣習国際法はすべての国を拘束する一般法だが、これは条約が当事国のみを拘束する特別法であることと対比される。

➡7　国際法の定立・形成、法の解釈・適用、法の執行・強制
国際社会においては、国内社会ほどには立法、行政、司法の権力が分化していない。そのため、立法、行政、司法というように権力の機関と内容に基づいて分類する代わりに、法の誕生からの実現過程に着目して、国際法の定立・形成、法の解釈・適用、法の執行・強制の三段階に区分けして、国際社会の組織化が国際法のあり方にどのような変化を引き起こしてきたかを見ることによって、組織化の影響がよりよく判断できると考えられる。

➡8　多数国間フォーラム
多数国間フォーラムとは国連総会や人権理事会などの国際組織の機関に加えて、地球環境保護関係の多数国間条約に基づく締約国会議（COP）や様々な人権条約に基づく履行確保に向けた条約機関（たとえば、自由権規約委員会）などを指し、政府代表や専門家などが集まり、関連する問題や条約について協議や審議がなされることがある。そこでの結論は関係する国々に対して法的拘束力を有するわけではなくとも、一定の影響力を有することがある。

➡9　対抗措置
対抗措置とは、相手国の自国への違法行為をやめさせるために、相手国に対して違法行為をとることであり、要するに、違法行為に対して違法行為で対抗するということ。他国に対する国際義務に合致しない当該行為の違法性は、その行為が当該他国に対してとられる対抗措置を構成する場合には、阻却される。しかしこれは、被害国による対抗措置の場合であることに留意する必要があり、被害国でない第三国が被害国に代わって加害国に対して対抗措置をとることは認められていない。

➡10　制裁措置
経済制裁という表現が、国が他国に対してとる一方的措置など様々な場面で使用されているように、制裁という用語は必ずしも厳密に統一的に使用されているわけではない。他方で、国連の集団安全保障制度において安全保障理事会の決議に従って国が実施する強制措置は、制裁と表現されることが多

水平的な法秩序である。

他方で、**国際組織の増加・発展**という国際社会の組織化の結果として、分権的な国際法が、**法の定立・形成、法の解釈・適用、法の執行・強制**➡7のいずれの段階でも、重要な変容を受けてきていることに留意する必要がある。多くの多数国間条約が国連などにより組織的に起草され、人権条約、環境条約などの解釈・適用が**多数国間フォーラム**➡8においてなされ、多くの国際的な司法機関が紛争解決に取り組み、安全保障理事会（安保理）が制裁措置の決定を担っている。

もっとも**現在**においても、これらは国内社会の統一的権力のような位置にはない。条約への参加は国家の判断次第であり、国際裁判所の裁判には両当事国の同意が必要であり、制裁を実施するのは関係する国々である。そして、実力とくに軍事力は各主権国家に分散しているために、執行・強制は関係国の力関係に左右されることになる。

（3）**国際法の実効性と遵守要因**　冒頭の設例に挙げた2つの事例を前にすると、「**国際法は法か？**」という疑問にとらわれるかもしれない。国際法はしばしば破られる実効性の低いものであり、「法」とはいえないのではないか。国際法違反に対する現実の物理的な強制（制裁）が整備されていないではないか、という批判でもある。

これら2つの事例は、様々な意味で最も極端かつ難しい事例であって、確かに違反の停止や処罰は容易ではない。しかし、国際法のあり方は分野ごとにかなり異なることに留意する必要がある。特に力の格差が大きい国家間での武力紛争などでは、人権や人道法の遵守の確保は容易ではない。

大切な点は、そのような場合でも国際法の違反国は、人権や人道法の存在を否定することなく何らかの仕方で違法行為を正当化しようとするのが常であることである。さらに被害国のみならず国際社会の大多数の国々は、違反国の行為が国際法に違反していることを理由として、被害国が通常は国際法違反となる**対抗措置**➡9を違反国に対して取ったり、第三国が被害国を支援するために違反国に対して**制裁措置**➡10を科したりすることができると理解していることである。ここには、国際社会には一定の規範があり、その違反に対して相応の強制措置が認められるという規範意識の存在が確認できる。➡11

現代国際社会において国際法が法秩序として多くの分野において一定の実効性を確保できている**遵守要因**として、次のような点が考えられよう。

①国際法の定立・形成は基本的に国々の意思に基づくこと。条約は、締約国となる国々により利害関係の相互調整の上で起草されるし、条約への参加は基本的に自由である。慣習国際法は、利害関係国を含む国家慣行が広範かつ実際上一致して、初めて成立する。

②二国間の権利義務関係においては多くの場合、**相互主義**➡12が機能する。すなわち、外交使節の交換に基づく特権免除の相互付与であれ、通商条約における内国民待遇の相互付与であれ、権利・義務の構造上、相手の条約違反に対して類似の違反行為により対抗することが可能であり、このことが違反に対する抑止となる。

③**国際コントロールの仕組み**➡13の発展。国際社会の共通利益のような相互主義が機能しない場合、例えば、人権条約や地球環境保護の条約の場合には、国際組織や条約上の機関による監視、情報収集、討議、勧告などの手続が整

備されてきている。

④国内外の様々な主体やアクターからの批判・非難・圧力、違法性認定など。国外からは規範の維持に利益や価値を有する国々、メディア、NGOなどから、国内では国内裁判所、野党、圧力団体、メディア、NGOなどから批判されることになる。

⑤中長期的には国々の利益に合致する。いずれの国家にとっても、国際関係における法と秩序による安定と予測可能性は不可欠である。

2 国際法の歴史的展開

■展開例1 国際社会に固有な法としての国際法は、いつ頃に誕生し、どのような経緯をたどって、現在のような国際法となったのであろうか。その途上で、国際法はどのような役割を果たすとともに、どのように変容してきたのだろうか。また、東アジアや日本はどのようにかかわってきたのだろうか。

（1）ヨーロッパにおける近代国際社会の成立と近代国際法　近代国際法は、ヨーロッパにおいて中世の封建社会が崩壊し主権国家が併存する近代国際社会が成立するなかで、国家間の権力闘争を緩和し合理的な関係を体系的に秩序づけるものとして誕生した。中世封建社会は、頂点にローマ教皇と神聖ローマ皇帝を戴き、国王、領主、騎士などが封建的主従関係を結ぶとともに、キリスト教神学に基づく身分階層制の、階層的構造の社会であった。16世紀前後に経済生活の発展や宗教改革などを背景に、国王がその支配する地域内の封建的権力を吸収・支配し絶対君主となるとともに、対外的にはローマ教皇と神聖ローマ皇帝の権威を排除して、自らを外部の権力には服さない最高の存在と主張する、主権・独立の国家が併存する近代国際社会の形成が進んでいった。

17世紀におけるヨーロッパ全体の大戦争であった**30年戦争**を終結させた1648年のウェストファリア条約は、そのような近代国際社会の誕生を画するものと理解されており、その本質はウェストファリア体制とも表現され

い。この場合は、決議に基づくものとして合法な措置と理解される。しかし、国が他国に対してとる一方的措置は、経済制裁という表現が用いられていても、被害国による対抗措置に該当しない場合には、必ずしも合法とは限らない。

➡11　国内社会と国内法を念頭において「法」の定義を考えると、裁判所によって判決が下され、その判決の履行が刑罰または強制執行によって制度的に保障されている場合のみ、その強制の対象となった人の違反した社会規範を「法」と呼び、その意味で国際法は「法」ではない、と考えるかもしれない。しかし、「違反に対する物理的強制の社会的是認」こそが法の本質であるとすれば、国際社会の状況を踏まえて、「集権的機構による物理的強制の存在」に固執すべきではないだろう。違反に対して相応の強制措置が認められるという規範意識が多くの国々よって共有されていることが国際法の存在を示していると考えられる

➡12　**相互主義**
国家間関係において、相互に同一または等価の待遇を与え合うこと。二国間でこの仕組みが存在すれば相互主義が機能するので、仕組みが導入されている法的入れ物は、二国間条約でも多数国間条約でも慣習国際法でも構わない。たとえば、二国間の通商条約で、相互に内国民待遇（＝自国民に与える待遇と同様の待遇）を与え合う場合、外交関係に関するウィーン条約という多数国間条約に基づ

コラム❶-2　近代国際法（＝ヨーロッパ国際法）と非ヨーロッパ世界

当時のヨーロッパ国際法は、進出先の地域において先住民が一定の統治組織を形成していたとしても、国際法上は「無主地」として、スペインやポルトガルが優勢の初期には「発見」により、その後のオランダやイギリスの優勢期には「先占」（領有の意思を持って実効的支配をすること）の法理により、自国の領域とすることを認めていた。こうして、近代国際法はヨーロッパ諸国の内部においては合理的な国家間関係の形成や戦争の人道化などの役割を果たした一方で、非ヨーロッパ世界に対しては植民地主義の法理として機能したと評価できる。

19世紀のイギリスの国際法学者ロリマー（J. Lorimer）は、当時の支配的な考え方に基づいて人類を3種類に分類し、ヨーロッパの国内統治体制を備えた国々を「文明人（civilized humanity）」とし、アフリカは「未開人（savage humanity）」の「無主地」として植民地支配の対象とした。トルコ、日本、中国などは、ある程度の国家権力が確立していたために支配対象とはされなかったが、欧米諸国が経済的に進出できるように、「野蛮人（barbarous humanity）」として不平等条約（領事裁判制度、片務的最恵国待遇、片務的協定関税率）を強制した。

不平等条約の「不平等性」の正確な評価については、近年議論のあるところであり、当時の実状と運用などを確認する必要があることを留保した上で、簡潔に紹介する。欧米諸国同士では、領域国は主権に基づいて外国人であっても領域国の裁判所によりその国の国内法を適用して裁かれるのが原則である。しかし領事裁判制度の下では、不平等条約の相手国の外国人は、領域国の裁判所ではなくて本国の派遣した領事によって、また多くの場合、本国法を適用して裁かれることになった。

経済関係についても、日本には関税自主権がない上に条約により関税が低く設定されていたし、日本が相手国に最恵国待遇を保障していても相手国は日本に対して同様の待遇を認めておらずに、対等な扱いを受けることができなかった。

側注

●13 国際コントロールの仕組み
人権条約の場合、被害者は国内の私人であり、加害国以外の条約締約国は直接の被害国ではない。そのために人権条約では、国家報告制度、国家通報制度、個人通報制度、調査制度などが整備されてきている。また地球環境保護の条約の場合には、加害国、被害国、因果関係などが不明確である。そのため、実施に向けて、締約国会議（COP）が定期的かつ頻繁に開催されてきている。

●14 30年戦争
1618年からの30年にわたるプロテスタント（宗教改革勢力）対カトリック（反宗教改革勢力）の戦争であり、神聖ローマ皇帝がローマ教皇の支援を得て、ドイツ地域にプロテスタントが広がるのを押さえ、また帝国の権力を建て直そうとした大規模な宗教戦争。

●15 自然法と法実証主義
自然法は自然に内在するとされる法の体系であり、人間の行為により作り出される実定法に対比される概念。中世ヨーロッパではキリスト教神学の枠組みにおいて神の定める法であり、近世以降には人間の理性に基づき、普遍的・合理的なものとして提示される。それに対して、18世紀に支配的となった法実証主義は、実定法のみを法と認める立場で、自然法論と対立する立場にある。

●16 ヨーロッパ協調（Concert of Europe）
1814～1815年のウィーン会議以降、ヨーロッパにおいては、国際紛争の際に諸大国が国際会議を開き紛争の平和的処理を試みることが、また戦争が不可避の場合でも戦争を局地化しようとすることがしばしば試みられ、会議は全部で30回程度にまで及ぶといわれる。19世紀全体を通して諸大国によってなされたこのような動きをヨーロッパ協調と総称する。

●17 人権の主流化
当時のアナン事務総長による国連改革の動きのなかで、開発、平和と安全保障、人道問題など国連のすべての活動において人権の視点を統合して強化すること（「人権の主流化」）が提唱され、2005年の国連特別首脳会合で採択された決議（成果文書）においても、「人権の主流化」の重要性が確認された。その後に人権高等弁務官

本文

る。そこでは、国際社会は主権国家から構成されるとともに主権国家は相互に平等であり、その領域内の問題は国内問題としてその国が自由に決めることができ、相互に内政不干渉の制約の下にある。

16～18世紀には、主権国家間で権力闘争が激しく展開されるなかで、国際法の創始者と呼ばれる人たちが国際法の誕生と形成に大きな役割を果たした。最も著名なグロティウス（1583～1645年）は、残虐な宗教戦争であった30年戦争の中で『戦争と平和の法』（1625年）を著し、主権国家併存体制が未だ確立途上の背景の下で主に**自然法**[15]に依拠して国際法の存在を主張した。その後の確立期には、ヴァッテル（1714～1767年）が**法実証主義**[15]の立場から国々の主権・独立・平等の考え方に基づく説明を行った。この時期にヨーロッパ諸国は、大航海時代を経て南北アメリカ、アフリカ沿岸部そして多くのアジア地域を植民地化していったが、当時のヨーロッパ国際法（＝近代国際法）は非ヨーロッパ世界を征服し領域取得する際の正当化の役割も果たした。

特に19世紀には、産業革命と市民革命を経て、近代資本主義の発達、交通・通信技術の進歩、市民階級の対外的活動の展開などを背景にして、国際法発展の条件が整った。二国間および多数国間の条約国際法が発展し、1794年の英米間の友好通商航海条約（ジェイ条約）などに基づく仲裁裁判がなされるようになった。さらに、ヨーロッパ列強による「**ヨーロッパ協調（Concert of Europe）**[16]」が勢力均衡政策とともに多数国間会議外交を定着させた。そして国際行政連合と呼ばれる初期の国際組織が誕生した。

以上のような動きを背景として、国力を発展させた欧米諸国はその支配地域を拡大し、ヨーロッパ近代国際法は非ヨーロッパ世界に拡大していった。日本が幕末の黒船の外圧により開国と開港を迫られたのは、このような時代であり、欧米諸国と締結した不平等条約であった通商条約の改正が明治政府の外交課題となった。

(2) **現代国際法の形成と特徴**　現代国際法は、第一次世界大戦を契機とした国際連盟の設立以降の時期を指す。国際社会は2つの世界大戦を契機として、特に第二次世界大戦後に大きく変容してきた。アジア・アフリカ地域は脱植民地化・政治的独立を成し遂げ、国連諸機関の加盟国となった。科学技術の発展は軍事力や経済力の発展のみならず人類の活動領域を拡大し、現代国際法の規律対象は様々な分野や広範な空間に及ぶようになった。これらは国際社会の組織化を基盤として進展してきたが、このような背景で形成された現代国際法には、次のような特徴を見いだすことができる。

①**戦争・武力行使の違法化**　近代国際法においては、戦争に訴えることは自由とされていた。当時の国際社会には国際法を執行する公の機関は存在せず、権利侵害の救済は被害国自身による実力行使（自力救済）による他なかったこともあり、戦争は法的規律の下には十分に置かれていなかった。しかし第一次世界大戦の惨劇を経て、国際連盟規約は戦争に一定の制約を課し、集団安全保障制度を導入した。また1928年の不戦条約（戦争抛棄ニ関スル条約）は戦争を禁止した。さらに第二次世界大戦の大規模な被害を経て、国際連合憲章（国連憲章）は戦争のみならず武力の行使と威嚇を禁止するに至った。この禁止に実効性を与えるために、国連憲章は紛争の平和的解決の義務と手続を整備するとともに、集団安全保障制度を強化した。現代国際法の根本原則としての戦争・武力行使の違法化は、領域取得のための征服を否認し、強

制による条約の効力を否認し、違法な戦争を行った個人の処罰を導入してきている。

②国際社会の組織化・制度化　世界大戦の回避を目的とした国際連盟は第二次世界大戦を防ぐことができなかったが、その経験を基にして設立された国際連合は、多くの専門機関などとともに現代国際法の基盤をなしている。近代国際法は国々の共存のための二国間関係の調整と規律が主な内容であったが、現代国際法では先に触れたように、多くの国際組織や多数国間フォーラムが様々な分野や広範な空間を対象に協力の国際法の発展を可能とするとともに、国際法の仕組みや機能にも重要な変容をもたらしてきた。

③国際社会の共同体化の動き　以上の流れを背景として、国際社会は主権国家の集まりから、人々から構成される共同体としての側面を強め、それを反映する国際法の動きも顕著になってきている。確かに冒頭の設例に挙げた2つの事例に示されるように、国単位の動きや対立・紛争などの揺り戻しはあり、他方で、人権条約や人権保障制度など**人権の主流化**の動きや個人の国際犯罪の処罰の動きに示されるように、個人にかかわる国際法が飛躍的に発展してきている。国際法の規律範囲の拡大や国際組織の活動により、従来、主権国家の裁量に残されてきた**国内管轄事項**はその範囲を縮小させ続けている。また、**強行規範**が認められて、国々が逸脱することのできない国際社会全体の利益や価値が認識されるようになってきた。

（3）現代国際法の課題　このような動きにもかかわらず、国際社会には喫緊の重大な問題・対立が現代国際法の課題として存在することも事実である。2つの事例に示されるような武力紛争、核兵器、AI（人工知能）などによる**自律型致死兵器システム**（LAWS：Lethal Autonomous Weapons Systems）、地球環境問題、途上国の貧困問題など、多くの問題に直面している。私たちは、組織化されてきたとはいえ、依然として分権的な構造を基本的に維持している国際社会において、国際法という不十分ではあるが私たちが長年にわたって創り上げてきた仕組み・手段を用いて取り組むことが求められている。

事務所の強化や人権理事会の設置などにつながってきている。

●18　**国内管轄事項**
未だ国際法によって規律されておらず、国家の裁量に委ねられている事項。

●19　**強行規範**
条約や慣習国際法の形で存在する規範は一般に任意規範であり、特定の国々の間でそれから逸脱する合意を締結することができる。しかし国際社会の共同体化が進展して、侵略の禁止やジェノサイドの禁止などの基本的価値から逸脱する行為を禁止するという考え方が支配的になってきている。これらの基本的価値を規定する規範は、任意規範に対して上位規範であり、抵触する条約（合意）を無効とする効果を有する強行規範とされる。

●20　**自律型致死兵器システム（LAWS：Lethal Autonomous Weapons Systems）**
現在、完全に自律化して人間を介することなく致死力を行使し得るような兵器は開発されていないが、このような兵器を使用する場合に国際人道法や国際人権法を遵守できるのか、戦争へのしきい値を下げ兵器の軍拡競争につながるのではないかなどの懸念がNGOや科学者等の間で指摘されており、当該兵器の開発や使用の禁止を訴える声が高まっている（⇒本書⓯）。

コラム❶-3　国際社会における「法の支配」の実現に向けた仕組み

例として、ロシアによるウクライナ侵攻における国際社会による対応を考えてみよう。ロシア・ウクライナの「二国間関係」の他、「国際社会の対応（1）」として、米欧諸国、日本、中国などの第三国の対応が、そして「国際社会の対応（2）」として国際連合などの国際組織や国際制度という組織化された仕組みの対応がある。そして、拒否権により安全保障理事会が機能不全の場合に、総会が代わって対応する他、国際司法裁判所や国際刑事裁判所も対応していることが現代国際法の特徴である。

国際法や国際組織などの仕組みは平和と秩序のために世界の国々・人々が創り上げてきたものである。ウクライナ侵攻に対して適切な対応が取れていないとすれば、それは国際法や国際組織の失敗というよりも、私たちの失敗として理解すべきであり、国際法や国際組織の正確な実像を理解し、改善の視点を持つことが大切である。

●【国際社会の対応：組織化された仕組み】

安全保障理事会（主要な責任）
・ロシアの拒否権のために機能不全
・総会の緊急特別会期開催を要請（2022年2月27日決議）

総会（副次的責任）
・「平和のための結集決議」に基づく緊急特別会期
・2022年3月1日決議採択
　ロシアのウクライナ侵略を強く非難し、無条件の撤退を要求
・その後も一連の決議採択へ

人権理事会
・2022年3月4日決議採択
　ロシアのウクライナ侵略による人権・人道法の違反を非難
　国際独立調査委員会を設置し、人権侵害の調査・証拠収集へ

国際司法裁判所
・2022年2月26日：ウクライナによる提訴
・2022年3月16日：仮保全措置指示の命令 ⇒ ロシアによる拒否

国際刑事裁判所
・2022年2月28日：検察官による捜査開始への手続開始
・2022年3月2日：締約国からの付託

国際法はどこに書いてある？
違反したらどうなる？

> **設例** A国は隣接しているB国との間に国境紛争がある。現在の国境を定めた条約は両国間で19世紀末に締結された。B国内では条約により定められた国境線についての反対論がある。条約の締結や、有効性に関する主張について国際法はどのように定めているのだろうか。

1　国際法は具体的にどのように存在しているのか？

「国際法」の存在形態は多様である。少なくとも、国際社会を構成する国家により法的拘束力を認められているものが国際法であるといえる。したがって、法的拘束力のない儀礼的慣行（国際礼譲）は国際法とはみなされない。

国際司法裁判所（ICJ）規程38条1項は、国際法に従って裁判することを自らの任務と定めた上で、適用法規として「条約」「国際慣習」「法の一般原則」を挙げている。この他にも国際法のルールとして主張されるものもあり、かつこの規定が国際法についての定義規定ではないことを断りつつ、まずはこれに基づきその内容を確認していく。

(1) 条約　条約は国家間の文書による合意であり、内容が明確であることにその特徴がある。条約の形態および内容は多岐にわたる。また、条約が作られる場面も二国間・多数国間の外交交渉のほか、国際組織において条約作成のための会議が行われることも増えている。条約によっては、国際組織が条約作成交渉に参加したり、国際組織自身が条約を締結したりすることもある（⇒本書❺1・❺5）。条約の締結過程・解釈方法・条約の効力が失われる場合の手続については、現在では条約法に関するウィーン条約（以下、条約法条約）として**法典化**されている（本章2参照）。

一般的に条約は締約国を法的に拘束することから、締約国は条約を誠実に履行する義務がある（*pacta sunt servanda*：条約法条約26条）。また、国内法を理由に条約の不履行を正当化することも認められない（同27条）。

(2) 慣習国際法　条約に対して慣習国際法は、伝統的に慣習として国家に受け入れられてきたルールである。国際社会においては、条約に定められていない事項が多く存在するそのため、慣習国際法の重要性は国内法におけるものよりも高いといわれている。

慣習国際法の成立要件は、①客観的要件としての一般慣行と②主観的要件としての法的確信（*opinio juris*）である。①は国家による恒常的かつ均一の慣行であり、特に利害を受ける国を含む広範で実質的かつ均一の慣行であることが求められる。他方で時間的要素は必ずしも必要ではなく、比較的短期間で慣習国際法が成立することもあり得る。②は一般慣行を法的なものであると認めることである。ただし主観的要件はその存在を立証することが難し

➡1　条約
一般には国家間の文書による合意であり、その名称も「議定書」「規約」「憲章」など様々である。条約によっては、国際組織が条約を締結することを認めることがある（⇒本書❶➡6）。

➡2　法典化
慣習国際法として確立したルールについて、条約により成文化することを法典化と呼ぶ。新たなルールの創設（漸進的発達）が条文に盛り込まれることもある。国連憲章13条1項aは、国連総会の任務として「政治的分野において国際協力を促進すること並びに国際法の漸進的発達及び法典化を奨励すること」を規定し、これにより国連国際法委員会（ILC）が設立され、議論を行っている。

いことから、国家実行からの推論がなされる場合が多い。

慣習国際法は、成立すると国際社会のすべての国家を法的に拘束する。その意味で一般国際法の性質を有する。例外として慣習国際法の成立に一貫して反対していた国は慣習国際法の適用を受けないという主張が有力になっている。ICJの判例では、武力行使禁止原則（国連憲章2条4項⇒本書⓮1）やジェノサイドの禁止（⇒本書⓬1）、奴隷制の禁止、排他的経済水域（EEZ⇒本書❽1）などが慣習国際法として成立していると認定されたことがある。

（3） **法の一般原則・その他の法源**　ICJ規程38条1項cは法の一般原則を適用法規として定めている。これは国際裁判において、問題となっている事項について規律する条約・慣習国際法が存在しない場合に裁判ができないこと（裁判不能）を避けるためにICJの前身である常設国際司法裁判所（PCIJ）の設立時に設けられた規定であるとされている。法の一般原則とは具体的には諸国の国内法で共通に認められている原則のうち、国際関係に適用可能なものを指すとされている。裁判における当事者公平の原則や、違法行為に対する賠償責任などが該当するとされている。

ICJ規程は補足的な位置づけで判例を挙げている。ICJの判例は特定の紛争における当事者のみを拘束することから、一般的には国際法の一部ではないと考えられている。ただし、ICJは「国際連合の主要な司法機関」（国連憲章92条）であり、その判決は国際法の解釈・適用を示すものとして事実上尊重されている（⇒本書⓭3）。

国際組織の決議は、その内容の重要性により国際法の一部として主張されることがある。ただし国際組織の決議はその多くが勧告的性質を有するにとどまり、加盟国を法的に拘束しない（国連憲章10条。例外として安全保障理事会の決議（同25条））。他方で、内容の重要性により、現行法規の解釈基準や条約作成の基準として機能することがある。また、慣習国際法の確認・形成において国連総会決議が影響を与えた事例もみられる。そのようなものをソフト・ローと呼ぶこともある（⇒コラム❷-1）。

➡3　**一般国際法**
国際社会の一般法として、すべての国家に一般的に適用される規則を指す。慣習国際法は、その一般性ゆえに一般国際法であるとの推定が働く。

➡4　**ソフト・ロー**
法的拘束力を認められたルール（ハード・ロー）との対比において、法的拘束力を認められていないが内容の重要性により国家の行動に重要な影響を与える一群の規則をソフト・ローと呼ぶことがある。法が生成途上である場合や、まだ十分な規律がなされていない場合に重要な役割を果たすことがある。宇宙法や環境法（⇒本書⓫）では非拘束的な原則やガイドラインの重要性が強調されることがある。コラム❷-1参照。

コラム❷-1　ソフト・ロー

　法的拘束力が認められている条約（ハード・ロー）に対して、形式的には法的拘束力を有さないが、条約の解釈・適用において重要な意義を有するとされる文書等をソフト・ローということがある。たとえば、世界人権宣言（1948年）は国連総会決議であり法的拘束力を有さないが、その後の人権条約の発展において重要な役割を果たしていると考えられている。国連人権条約（⇒本書⓫）では、条約の起草に先立って法的拘束力を有しない宣言が採択されることが多い（障害者の権利に関する条約に先立って、宣言が採択されている）。宇宙空間に関するものでは、2007年に国連総会決議として採択された「スペースデブリ低減ガイドライン」などが国連総会決議の形で策定されている。環境条約（⇒本書❿）では、予防原則などの原則が重要な役割を果たしており、また国際司法裁判所（ICJ）の判決では、ソフト・ローが検討されることもある。たとえば、南極海捕鯨事件（⇒本書⓭）では、国際捕鯨条約の実施機関である国際捕鯨委員会の決議が、国際捕鯨条約の解釈に与えた影響が検討された。

　本章では国際法の存在形態（国際法がどのような形式で存在しているか）を議論しているが、この際に「法源（source of law）」という言葉が用いられることがある。法源には2つの意味があり、第1に、国際法の存在形態を指すものがある（形式的法源）。それとの関連で、条約や慣習国際法がなぜ拘束力があるかが議論される。第2に、国際法が実質的にどのようなものかについて、条約などの背景に存在するルールを把握・認識しようとする議論がある（実質的法源）。この場合、ソフト・ローを含む重要な動きの中に見られる価値や意義などを評価し、法的規則を見出そうとする。世界人権宣言などはまさにそのような具体例であろう。

　国際法は具体的な法典がないことから、実際に存在している規則の他に、どのような規則が生じようとしているのかや、それについての各国の見解などにも目配りをしながら考えていく必要がある。

➡5 強行規範
いかなる逸脱も許されない規範として国際社会全体が認めた規範のこという。ラテン語でユス・コーゲンス（jus cogens）とも呼ばれる。強行規範は、合意によってもその適用を排除することができず、強行規範に反する条約は無効である（条約法条約53条）。また強行規範に抵触する条約はその効力を失い、終了する（同64条）。国際法上、条約・慣習国際法の形式的法源間に上下関係はないと考えられているが、強行規範は国際法上の一種の上位規範ともいえる。具体例として、侵略の禁止、拷問の禁止、ジェノサイドの禁止、奴隷制の禁止など、国際社会の利益を保護する規則が挙げられる。

➡6 採択・署名・批准
採択は条約文を確定させる手続であり、国家が条約に法的に拘束されることの同意の表明方法として、署名・批准などが用いられる。通常、署名は国家を代表する者により行われ、批准は憲法により定められる国内手続により国家が同意を表明する方法を指す。

➡7 留保
条約の特定の規定の自国への適用上その法的効果を排除し又は変更することを意図して、条約への署名・批准等の際に単独に行う声明を指す（条約法条約2条1項d）。二国間条約の場合留保は条約の修正提案とみなされることから、留保に関する問題は通常多国間条約において問題となる。
コラム❷-2参照。

➡8 脱退・終了・運用停止
脱退はある国家が多数国条約から離脱するが、条約自体は有効に存続することをいう（イギリスのEUからの離脱などが具体例）。終了は条約がその効力を失い消滅することで、新たな強行規範が成立した場合に終了することが条約法条約で定められている（64条）。運用停止は、条約自体は存続するものの効力を一時的に失うことをいう。

（4）**規範の序列・優劣関係**　慣習国際法と条約は、原則として同等の効力を有し、優劣関係はない。ただし、同等の規則間の関係を規律する原則として「特別法は一般法を破る」や「後法は前法を破る」が適用される。その意味で、ある規則が他の規則に優越するということは例外的なものである。そのような例外は、①国連憲章上の義務の他の条約上の義務への優越（国連憲章103条）、②**強行規範**（2(3)参照）に反する条約の無効、③新たな強行規範の成立の際の条約の終了などである。

■展開例1　**設例**の事例において、B国内では武力による威嚇を背景に締結された条約が無効だとの主張がみられる。国際法の観点からはどのような評価が可能か。

2　条約に関するルールはどのようなものか？

条約法条約の多くの規定は、慣習国際法を**法典化**したものであり、現在では大部分の規定が慣習法となっていると理解されている。

（1）**条約締結手続**　条約は外交交渉の結果、条文として内容が固まると**採択**される。その際、国家代表による**署名**が行われることもある。その後、条約に法的に拘束されることについての同意の表明として**批准**などが行われるが、具体的な様式については個々の条約が定める。批准とは、国家が当該条約に拘束されることの意思の表明であり、批准に必要な国内手続は各国の憲法体制により異なる。日本の場合、内閣により締結された条約については、国会の承認を要することが憲法に定められている。

（2）**条約に対する留保**　多国間条約においては、条約の**留保**が問題となる。ここでの問題は、①許容される留保の判断基準と、②留保の法的効果である。条約法条約における留保の規定は、ICJのジェノサイド条約留保事件（1951年勧告的意見）において示された内容を基礎に起草されている。

具体的には、①について、条約法条約は、留保を条約の趣旨および目的と両立するものに限ると定める。また②について、留保を行った国との関係で、他の締約国は条約関係に入るかどうかを自由に決定することができる。留保を受諾した場合には、留保にかかる条約の規定を留保の限度において変更することになる。他方で、留保に異議を申し立てつつも条約関係に入る場合にはその限度において適用がない（⇒コラム❷-2）。

（3）**条約の無効・終了・運用停止**　条約法条約は条約の有効性を否定する場合（無効）や、合意によらないか条約が予定しない場合における条約の**脱退・終了・運用停止**の場合に関する要件や手続を定めている。また、条約法条約が定める事由以外の根拠による主張は認められない。特に、無効要因の一つとして定められた**強行規範**は、実質的な内容によって条約の有効性を判断するものとして、国際社会の認識の転換となるものであった。

■展開例2　**設例**の事例において、B国国民のXさんは、A国との国境を定めた条約が憲法だけではなく国連憲章や国際人権規約に違反していると考えていることから、裁判でこれを明らかにしたいと考えている。条約は国内法ではどのように扱われ、特に裁判ではどう適用されるのだろうか。

3　国際法と国内法の関係はどうなっているのか？

(1) 国内法と国際法の関係　伝統的には、国際法と国内法は互いに適用範囲が異なると考えられており、国内の個人・団体に国際法が直接に適用されないと考えられていた。この点は、現在でも妥当するところがある。たとえば、国境を越える犯罪行為（国外犯、犯罪人の国外逃亡など）に適用されるのはあくまでも国内法（刑法）である。ただ現実には、国際的ルールが国内のルール形成に影響を与えたり、国際法に反する国内法により国家責任（本章4参照）の問題が発生したりするなど、国際法と国内法の関係は密接なものがある。そのため、両者の関係をどのように調整するかが問題となる。原則としては、本章1でも述べたように国家は自らが拘束されることに合意する条約を遵守する義務があり、かつ国内法を理由としてその履行を妨げることは認められていない。国家は国内法と国際法の間の「調整」を行うことが求められている。日本においても、かつて酒税に関して関税及び貿易に関する一般協定（GATT⇒本書❾1）違反の決定が下されたことで酒税法が改正されたり、たばこ規制枠組み条約の批准に伴い、たばこの有害性を訴える表示を義務化する法改正がなされたりしたことがある。女性差別撤廃条約に加入する前にも国籍法を改正したり男女雇用機会均等法を制定したりするなど、条約との整合性を取るための法改正はしばしば行われている。

(2) 国内法体系における国際法の位置づけ　国内における国際法（条約・慣習法）の位置づけについては、①国内法体系への編入方法と、②国内法体系における国際法の地位（憲法・法律等との優劣関係）が問題となる。①については、英国、英連邦諸国、スカンジナビア諸国では条約を法律等の国内法に変型した上で編入する**変型方式**が取られている。他方で日本や米国をはじめとする多くの国では、特段の手続を必要とせずに国内法の一部としての効力を認める**受容方式**がとられている。②については、各国の憲法が国際法にどのような地位を与えているかにより定まるため、一律のルールがあるわけ

➡9　変型方式・受容方式
英国などでは、立法により条約を法律に変型する措置を必要とする。そのため、批准のみでは条約は国内法上の地位が認められない。他方で、日本をはじめとして多くの国では、立法等による特段の措置を経ることなく国際法に国内法上の地位を認める方式が取られており、これを受容方式と呼んでいる。

コラム❷-2　条約に対する留保

日本もいくつかの条約で留保を付している。人種差別撤廃条約4条では「人種的優越又は憎悪に基づく思想」について法律で処罰すべき旨を定めている。この点について、日本は憲法で認められている表現の自由との抵触を避けるために、留保を付している。

条約の留保に似た制度として、条約の規定や文言が複数の解釈を許容している場合「解釈宣言」が付されることがある。たとえば日本は、社会権規約（経済的社会的及び文化的権利に関する国際規約）8条2項にいう「警察の構成員」について、消防職員が含まれるとの見解を、解釈宣言により示した。ただし、解釈宣言も内容によっては留保と同様の法的効果を生じさせるものもあることから、その線引きは明確ではない。

留保に関する条約法条約の規定は、留保を行った国と他の締約国との二国間関係を前提としている。そのため、たとえば留保の成立は趣旨・目的に両立するものに限って受諾されるものなのか、それとも両立性が疑わしくても他の国が受諾すれば許容されるのかなどが明確ではない。また、留保の条約との両立性について締約国以外が判断できるかどうか明確ではなかった。1994年に自由権規約（市民的および政治的権利に関する国際規約）の実施機関である規約人権委員会は、自由権規約に付された留保の趣旨および目的との両立性を同委員会が判断できるとの意見（自由権規約委員会・一般的意見24［1996年］）を公表したが、これにはアメリカ・イギリス・フランスによる異議が表明された。

国連国際法委員会（ILC）が2011年に採択した「条約の留保に関する実行の指針」では、実施機関について自らに付与された職務を果たすために留保の許容性を評価することができるとされ、この点での発展がみられる。ただし、実施機関がある留保についてその両立性を否定した場合の法的帰結については、当該留保の有効性を否定するものではないことにも留意が必要である。

ではない。日本の場合、憲法98条の解釈から憲法は条約に優位するが、条約は法律に優位すると考えられている。ただし条約と法律で規律内容が矛盾した場合に、条約に抵触する法律が直ちに無効となるわけではないことには留意が必要である。

(3) **国内裁判における条約の位置づけ** 受容方式を採用する国では、条約は特段の手続を経ずに国内法の一部となるが、その際に国内裁判における適用法規としての位置づけが問題になる。条約の多くは国家に何らかの権利義務を設定していることから、国内裁判において個人が条約を根拠として訴えを提起した場合、国際法が国内裁判における裁判規範となりうるかが問題となる。この点について、一般的には**自動執行性**[10]がない条約については、国内法による条約を実現するための措置がとられない限り、裁判規範として認められないと考えられている。そのような条約は、国内において個人に対して権利を認めるなどの立法がなされない限り、裁判規範とはならない。日本においては、人権条約について条約が個人に直接権利を付与していないとして、一部の例外を除き自動執行性を認めない傾向があり、人権保障との関連で問題となることがある（⇒本書❶4、うらむ❶-2）。

■展開例3 設例の事例において、B国において、A国との国境画定条約に反対する市民がB国首都にあるA国大使館前でデモ行進を行った。その際に、デモ隊が暴徒化しA国大使館の敷地内に侵入し施設の一部を破壊した。このような行為はB国の国際法上の義務に違反しているといえるか。

4 国際法に違反するとどうなるのか？

(1) **国家責任とは** 国際法に反する国内法の存在や、国際的な義務に反する行為が生じた場合にはどのような法的帰結が生じるか。この点を扱うのが国家責任である。国家責任とは通常、国家による国際義務違反に対する法的結果として理解されている。現在では、国家責任に関する国際的文書として2001年に国連総会決議の付属文書として採択された**国家責任条文**[11]がある。

(2) **国家責任の発生要件** 国家責任条文では、**国際違法行為**が国家責任を伴うとされている。国際違法行為の成立要件は、作為又は不作為からなる行為が国際法上当該国に帰属し、かつ当該義務が国際義務の違反となることである（国家責任条文2条）。行為が国家に帰属するパターンは、国家機関（行政、司法、軍隊等）に所属する個人による行為や、個人の行為を国家が自らの行為として認め採用した場合[12]など様々である。国際義務の違反とは、一般原則として「国際義務により当該国に要求されていることに合致しない」ことである（国家責任条文12条）。しかしながら、一定の条件下ではある行為が国際義務に合致しなくとも、その行為が違法とはみなされないこともある（**違法性阻却事由**[13]）。

(3) **国家責任の追及** 国際違法行為に対しては、同行為の中止および再発防止や、被害に対する回復（例：原状回復、金銭賠償、**精神的満足**[14]）が原則として求められる。国際違法行為が一般国際法の強行規範に基づく義務の重大な違反の場合には、国家責任条文は諸国が重大な違反を終了させるために協力することと、重大な違反によりもたらされた状態を承認しない義務を定めている。後者については、ロシアによるクリミア半島併合の際に、2015年

➡10 **自動執行性**
条約が特段の国内手続を経ることなく、国内裁判所において裁判規範として適用できるかどうかの基準を指す。具体的には、条約が国内において直接に適用可能であるとの締約国の意思があり、かつ条約が規範内容および手続を明確に定めていることが条件とされる。

➡11 **国家責任条文**
国家責任に関する法典化の議論は、国連国際法委員会（ILC）において継続的に議論されてきた。当初は外国人の損害に対する国の責任として議論されてきたが、その後、国際法全般を対象とした「国際違法行為により生ずる国の国際責任」として起草され、2001年に国連総会決議の付属文書として採択された。国家間の条約の形式ではないものの、内容面において重要な意義を有しており、慣習国際法となっている規則も含まれているほか、ICJの判決においても重要な根拠文書として引用されており、重要な法的文書と位置付けられている。

➡12 個人の行為を国家が自らの行為として認め採用した場合としては、ICJの在テヘラン米国大使館人質事件（1980年判決、米国対イラン）で、米国大使館を占拠したデモ隊（私人）の行為をイランの指導者が賞賛し承認したことにより、当該行為がイランに帰属し国際違法行為を構成すると判断された事例がある。

➡13 **違法性阻却事由**
国際違法行為があったとしても、当該行為を違法とみなさず、国家責任が発生しない特定の事情・理由をいう。国家責任条文は、同意・自衛・対抗措置・遭難・不可抗力・緊急避難を違法性阻却事由として規定している。特に対抗措置は、国際違法行為の被害国により国際違法行為を中止させる（違反の責任を追及する）手段として重要な位置づけを占める。

➡14 **精神的満足**
国際違法行為に対する一般的な被害の回復方法は金銭賠償（国家責任条文36条）であるが、金銭賠償になじまない性質の損害については、陳謝の意の表明や国際裁判などにおける違法行為の認定などの方法で責任を追及することができる。このことを英語ではサティスファクション（日本語では精神的満足：国家責任条文37条）と呼んでいる。

の国連総会決議によってそのような行為を承認しないことが要請された。また最近では、国際違法行為による被害を直接に被っていない国家（第三国）による責任追及の動きが見られ、ICJ判決も認めている。（⇒コラム❷-3）他国による国際違法行為をやめさせ、履行を促す手段として国家責任条文は**対抗措置**を取り入れた。国際法では伝統的に法の履行を促す手段として武力の行使を含む措置をとることが自力救済として許容されていた（⇒本書⓮1）。武力行使禁止原則が国連憲章に取り入れられたことから、対抗措置は武力を伴わない措置として理解されている。国家責任条文では、一定の条件の下で対抗措置が違法性阻却事由となることが定められている。

(4) **外交保護権**　国家責任の契機は、条約に反する国内法の制定だけではない。伝統的には、外国において自国民が被った損害をどのように救済するかが問題となってきた。これを解決する制度である**外交保護権**は、ある私人の外国における損害について、私人の国籍国が当該私人に代わって相手国に対して国際的な請求を行うというものである。外交保護権は国家の権利であるため、国家がこれを行使しないこともありうる。

外交保護権を行使するためには、2つの要件を満たす必要があるとされている。第1に、国籍継続の原則である。具体的には、損害の発生から外交保護権の行使までの一貫した国籍国との実質的なつながりを有していることが求められる。第2に、国内救済完了原則である。具体的には、当該国内の国内手続において紛争を解決できる場合には、そのような手続を尽くしていない場合には外交保護権を発動できないというものである。ただし、司法制度が機能していないなど救済を得られる見込みがないと客観的に判断できる場合には、救済措置を完全に尽くしていることは要求されない。過去には、会社の国籍や、会社の株主の損害が外交保護権により保護されるかが問題となったことがある。企業の投資先などの外国における損害については、現在では**二国間投資協定**などで規律されている（⇒本書❾3）。

➡15　**二国間投資協定**
投資に関するルールは自由貿易協定などの地域的条約の他、多数の二国間投資協定（BIT）により規律されている。BITでは投資保護の基準を定め、投資受入国における投資家およびその資産を保護することを求めている。1990年代以降、BITでは投資家が投資受入国の措置の不当性について、国際的な仲裁手続に訴える権利を認める条項（投資家国家紛争条項）が見られるようになっている（⇒本書❾）。

コラム❷-3　obligations *erga omnes partes*

ミャンマーにおける少数民族（ロヒンギャ）に対する迫害行為について、アフリカにあるガンビアがジェノサイド条約違反を主張し、ミャンマーを相手取ってICJに提訴した事件がある。ガンビアはミャンマーによる迫害行為の対象ではなく、また自国民が被害を受けたわけではないことから、直接的な利害関係は両国の間には存在しない。しかし、ICJはガンビアによる請求について管轄権の存在を2022年の先決的抗弁判決で認め、また2023年に暫定措置を指示している（ジェノサイド条約の適用事件）。では、どのような論理によりこのような訴えが認められるのだろうか。

かつてICJは、紛争当事国間の紛争の存在や訴訟当事者としての立場（原告適格）を厳密に解していた。しかし、この点にも判例上の発展が指摘される。

近年のICJ判決では、条約締約国間の対世的義務（obligations *erga omnes partes*）の存在が指摘されることがある。ガンビアがミャンマーを訴えた事件では、ICJはジェノサイド条約について、締約国間におけるジェノサイドの防止と処罰の確保に共通の利益を有することから、いかなる締約国もその不履行についてそれを停止させる目的で他の締約国の責任を追及することができると判断した。同様の論理は、拷問禁止条約についてベルギーがセネガルを訴えたICJの事例においても見られた（引き渡しか処罰かの義務に関する事件、2012年判決）。

このような事例は、被害の存在を前提にしない一般的な利益追求を可能にするのだろうか。一般的な利益追求は理論的には可能だが、制度的には未整備であることにも留意する必要がある。国家責任法は二国間関係を前提にしているため、そのような動きに対応できていないとの指摘もあるが、本文でも紹介したように強行規範に対する重大な違反の帰結が国家責任条文では盛り込まれていることから、萌芽部分も見られることにも留意すべきであろう。

第II部
国家・国際組織と国際法

国家として認められるには？

> **設例** 2017年10月、スペインの中で自治権を有しているカタルーニャ州では、州議会が独立宣言を行った。これに対して、スペイン政府はカタルーニャ州議会の解散等を実施し反対したため、カタルーニャの独立は実現しなかった。カタルーニャ州が国家として独立するためには、国際法上どのような要件が揃う必要があるのだろうか。

1 国家の要件

（1） 国家はどのように誕生するのか？　2011年に独立した南スーダンが193カ国目の国際連合（国連）加盟国となったように、現在でも新しい国家が誕生し、新たに国際社会の一員となっている。南スーダンの例のように、現代において新しい国家が誕生する場合には、既存の国家からの**独立や分離**という形をとることが多い。時代を遡れば、16世紀〜18世紀には**国際法の主体**はヨーロッパ諸国に限られていた。この時代から存在するヨーロッパ諸国のうち、オランダ、スウェーデンなどの主権国家もまた、既存の国家から独立することで成立した国家であった（⇒本書❶2）。19世紀以降には、ヨーロッパ諸国の植民地が国家として独立し、また、日本を含むアジア諸国がヨーロッパ諸国との間で条約を締結することによって、国際法の主体と認識される国家の数が増加していった。新たな国家として独立や分離を主張する地域は、現在でも数多く存在し、紛争の火種となっている。

スペインの主要都市であるバルセロナが所在するカタルーニャ地方は、独自の言語、伝統、文化をもち、市民の間ではカタルーニャ人としての民族意識が育まれてきた。スペイン国内でカタルーニャの自治や自由を否定・制限する動きがあったこと等を原因として、2010年頃からカタルーニャ市民の不満が高まり、独立への動きが加速化した。スペイン政府の視点からみれば、自国の不可分の領土の一部が国家として独立してしまうことは、国家主権の侵害であって受忍できるものではない。では、カタルーニャ州は国際法に従って正当に国家としての地位を主張することができるのだろうか。

（2） 国家の要件に関する議論　国家として認められるための国際法上の要件は、①住民が永続的に存在すること、②領域があること、③その領域を実効的に支配する政府が存在すること、④他国と外交関係を結ぶ能力があることだと考えられている。1933年「国の権利義務に関する条約」（**モンテビデオ条約**）は、上記と同様の4要件を定めており、その規定は国家の要件としてしばしば参照される。ただし、論者によっては、国家の要件として上記のうち要件①から③のみを挙げている場合がある。これは、上記の要件④が要件③の内容に含まれると整理するためだと考えられる。

➡1　独立や分離
国家の領域の変動の原因の1つとして後述するとおり、独立や分離によって新しい国家が成立することがある。日常的な用語法では、植民地が宗主国から離れて新国家を形成することや、国内における一部の地域が中央政府から離れて新国家を形成することの呼称として、「独立」と「分離」の言葉を互換的に使用することも、「分離独立」と併せて使用することもある。本章4では、植民地から独立した国を「新独立国」と定める1978年条約についての国家承継に関するウィーン条約2条1項（f）の用語法に従い、既存の国家から離れて新国家が成立する事例のうち、植民地が宗主国から離れて新国家となる場合を「独立」と呼び、それ以外を「分離」と呼ぶ。

➡2　国際法の主体
法の主体とは、法的な権利義務を有することができるものを指す。同様に、国際法の主体の場合には、国際法上の権利義務を有することができるものであって、国際法上の権利を行使し、義務違反の責任を負うことができるものをいう（⇒本書❶➡4）。国際法の主体は、主に国家である。その他には、国際組織などが限定的な権利義務をもつ主体だと認められている。

➡3　モンテビデオ条約
モンテビデオ条約は、1933年にウルグアイのモンテビデオで開催された第7回米州会議において採択された条約であり、アメリカ、ブラジルなどを含むアメリカ大陸の17カ国が条約当事国である（2024年8月現在）。モンテビデオ条約では、国家の要件に関する規定以外には、主権国家平等原則（4条）や不干渉原則（8条）など国家間関係に関する基本原則について定めている。1889年以降定期的に開催されるようになった米州会議（汎アメリカ会議、米州諸国会議とも呼ばれる）では、米州地域の問題について議論し、この条約以外にも地域的な条約の採択や国際組織の設立を行った。米州会議は1948年に米州機構憲章を採択し、その機能は米州機構に継承された。

(3) **国家の形態**　国家の要件の1つである実効的政府について考えるとき、注意が必要なのは、国家として成立する形態には様々なものがあるということである。日本を含め多くの国は、1つの政府が国を統治する単一国と呼ばれる形態をとる。これに対して、複数の国家はお互いに結びつき、**国家結合**と呼ばれる形態をとることもできる。たとえば、複数の国家が同一の君主を持ち対外的には単一国として活動するもの（1867～1918年のオーストリア＝ハンガリー帝国など）、複数の国家が条約または憲法に基づき結合し1つの国家を構成する連邦国家（アメリカ、カナダ、ロシアなど）などがある。設例にあるスペインは連邦国家である。自治権を与えられた複数の州政府が1つの国家を構成する連邦国家では、州政府が州憲法や州法をもち、場合によっては一定の外交能力を与えられることもある。このような連邦国家の体制も国家のあり方の1つであり、その国家を構成する各州は国際法上は国家とはみなされない。

2　自決権

既存の国家の一部を成す地域が、**自決権**を行使して独立または分離することがある。自決権とは、**人民**が自分たちの政治的地位を自由に決定し、経済的、社会的、文化的にも自由に発展する権利である。その領域内に多民族を抱える国家は、古くから自決権の考えに基づく独立や分離の運動に直面してきた。たとえば、**民族**を統一して同一民族から成る国家の樹立を求めた民族主義の運動にも、この考えが表れている。第一次世界大戦中には、アメリカのウィルソン大統領が国際秩序の理念の1つとして人民自決を掲げた。第二次世界大戦後には、人民自決の原則を尊重した国際関係を築くことが国連の目的の1つであると国連憲章1条2項に定められた。自決権は第二次世界大戦後に国際文書の中で繰り返し確認され（1960年植民地独立付与宣言、1970年友好関係原則宣言）、数多くの植民地が自決権に基づき独立してゆくなかで、確立された国際法上の原則とみなされるようになった。国際司法裁判所(ICJ)

➡ 4　**国家結合**
国家結合には、様々な形態がある。結合する国家間でどのような取り決めが行われるかによって、当事国間の関係は異なってくる。本文で挙げた国家結合の例はいずれも並列的な国家結合であり、形式上は結合する国家間の関係は平等である。これに対して、一方が他方に従属する、垂直的な関係からなる国家結合が存在する。たとえば、条約に基づき被保護国が保護国の保護下におかれ、外交関係の処理の一部を保護国に任せる保護関係（1905～1910年日本を保護国とした韓国など）や、国内法に基づき従属国（付庸国）が本国（宗主国）に従属しながら制限された主権を認められる付庸関係（1878～1908年トルコを宗主国としたブルガリアなど）がある。

➡ 5　**自決権**
自決権の尊重が国連の目的の1つとして定められ、国連憲章11章、12章、13章に従属人民の利益や信託統治制度について規定された。これらの規定に従い、国連は植民地の独立を促進するための目標や基準を設定してきた。たとえば、自決権の行使と達成を加速化させるべきという認識が広まったことを受けて、国連総会は1960年に植民地独立付与宣言を採択した。国連は、信託統治制度の下に置かれたすべての地域の独立を1994年までに達成し、非自治地域と呼ばれるその他の地域（アメリカ領グアム、フランス領ニューカレドニア、イギリス領フォークランド諸島など）の状況について現在も監視を続けている。

コラム❸-1　国家を騙る？

イギリス沿岸のイギリスの領域管轄権がかつては及ばなかった海域において、テニスコートほどの面積を有する鉄とコンクリートでできたイギリス軍の元要塞を占拠して、国家成立を主張してきたグループが存在する。この自称国家は、シーランド公国と名乗り1967年に建国宣言、後に憲法や国旗を作成している。現在は、男爵や侯爵などの爵位をオンライン販売するなどして収入を得ている。イギリス政府によって立ち退きを迫られたこともあるが、その事態を首尾よく切り抜け、現在まで存続している。なお、シーランド公国は、どの国によっても国家承認されていないという。このシーランド公国は、国際法上の国家の要件を満たすのであろうか。報道によると、シーランド公国には数人の関係者が日常的に出入りしている。シーランド公国のウェブサイトによると、政府をもち、パスポート、永住権、通貨、切手を作成しているという。仮にこれらの情報が正しいとすれば、永続的住民と実効的政府の要件を満たすようにもみえる。しかし、海上に人工的に設置した建造物は、そもそも領土とはみなせないため、領域の要件を満たさないことになる。

国家成立を主張するまた別の事例として、2023年以降、南アメリカの島国と称する「カイラサ合衆国」の政府代表を名乗るグループが、アメリカのニューアーク市と姉妹都市協定を締結する、国連の会合において発言する、パラグアイの政府職員と公的文書を交換するなど、混乱をもたらしている。報道によると、同国が実在しない国家だと判明した後、協定の取消し、国連での発言をなかったこととするといった対応が取られた。パラグアイの政府職員が交換した公的文書には、パラグアイ政府がカイラサ合衆国を国家承認するべきとする内容なども含まれていた。この自称国家の場合にも、その公式ウェブサイトの情報から判断すると、政府を設置しているとするが実態は不明であり、周囲を欺いて外交活動を行っているだけであり、国家の要件を満たさないことは自明である。

3　国家として認められるには？　17

→6 人民
Peoplesの和訳として人民という言葉が使われており、特定の社会を構成する人々の集団を指す。国家への帰属を前提とする「国民」や、国家における有権者としての地位を強調した「市民」といった言葉よりも中立的・一般的に、特定の社会の集団を指す。

→7 民族
一般的な用語法では、民族とは、共通する文化をもち、伝統的に結びついていると認識されている集団を指す。英語では ethnic group と表記される。また、人種（race）は、生物学的に皮膚や毛髪などの特徴によって人を区別したものであり、民族とは異なる意味内容である。

→8 対世的義務（obligations erga omnes）
ICJによると、国際法における対世的な義務とは、その義務が守られることによって保護される法的利益にすべての国家が関心をもつ、国際社会全体に対する普遍的な義務を指す（1970年バルセロナ・トラクション電力会社事件（第2段階））。ICJは、対世的義務の具体例として、侵略行為禁止、集団殺害禁止、奴隷制度禁止、人種差別禁止を挙げた。

→9 内的自決
カナダのケベック州は歴史的にフランス系の住民が多く住む州であり、これまで幾度も分離を求める動きが高まることがあった。1998年には、カナダ連邦最高裁判所が、ケベック州が一方的に独立することはできないという判断を示した（1998年ケベック分離事件）。最高裁は、政治的、経済的、社会的な発展を追求するために意味ある形で政治に参画できない場合（内的自決が行使できない場合）にも自決権を行使できるとも述べた。これは救済的分離と呼ばれ、政府が特定集団の人民による内的自決を否定している場合には、その人民による分離が認められるという考え方である。ただし、救済的分離が国際法上の権利として確立しているとはいえない。

→10 スティムソン主義
日本による満州侵略に対して、1928年不戦条約に違反して行われた現状の変更を承認しないとするアメリカの政策。当時のアメリカ国務長官スティムソンが、1932年1月にこのようなアメリカの立場を表明した。

→11 南ローデシア
現在のジンバブエは、1980年に独立以前のイギリス植民地時

は、これまで自決権が慣習国際法となっていること、および、自決権の尊重は**対世的義務**（obligations *erga omnes*）（⇒本書⓫2）であることを確認している（2019年チャゴス諸島事件⇒本書⓬3）。

自決の内容には、国家主権が国内的および対外的に効果をもつことと同様に、国内的な意味と対外的な意味がある。**内的自決**とは、人民がその領域内において自分たちで国政を決定することを指し、外的自決とは、他国から干渉されず独立して対外関係について決定することである。カタルーニャの場合には、自治権をもつ州として一定の内的自決権を有しているが、完全な形で内的自決権を行使すること、および、外的自決権を行使することを求めていたといえる。

人民による自決権の主張は、独立を主張する地域を領域とする国家の領域主権と衝突する。植民地独立付与宣言等においても、国家の領土保全を侵害することは国際法違反であって、自決権の主張とは区別して考えるべきであることが明示されている。

現在では一般的には、ある国家による特定地域の支配の仕方が、植民地支配、外国による占領、または、人種差別体制に基づく場合にのみ、その地域の人民による自決権の主張が国際法上合法的に行われると考えられている（1974年「侵略の定義」総会決議7条、1977年ジュネーブ条約第一追加議定書1条4項）。実際に、第二次世界大戦後に自決権に基づき認められてきた国家の独立は、主にかつて植民地であった国家による独立であった。

カタルーニャが自決権を主張する場合には、スペインの国家主権と衝突することは明らかである。歴史をたどってみても、また、独立運動が高まるまでは独自の文化をもつスペインの一地域として共存してきた事実からも、スペイン政府による中央集権体制を外国による不法な占領等とみることは難しいと考えられる。

3　国家承認

(1) **国家承認**　日本は朝鮮民主主義人民共和国（以下、北朝鮮）を国家として承認していないものの、北朝鮮は国連加盟国であり、北朝鮮を国家として承認する国家も数多く存在する。国際関係においては、新たに成立した国家を国家として認めるかどうかを決定する。国家は、相互に、各国の裁量で個別に国家承認を行う。そのため、国家成立に関する4要件（①永続的住民、②領域、③実効的政府、④外交能力）を満たしているかどうかの判断の相違、または、政治的理由から、ある国家を承認するかどうか立場が分かれる場合がある。過去には、国際法違反を伴う方法で成立した国は承認しないとした例（**スティムソン主義**、**南ローデシア**の事例など）や、国家承認の要件に民主主義や人権の尊重などの要件を加えるべきとした例がある（欧州共同体（EC）による1991年「東欧及びソ連における新国家の承認の指針に関する宣言」）。また別の例では、政治的理由から、国家成立の4要件を満たしていない国を承認したものがある（1778年のフランスによるアメリカの国家承認、1932年の日本による満州国の国家承認）。要件を満たさない国を承認することは、**尚早の承認**として国際法違反である。

国家承認が行われることによってどのような法的効果が生じるのかについては、かつて**創設的効果説**と**宣言的効果説**という2つの考え方の対立があっ

た。創設的効果説では、承認の効果として国家が成立すると考える。宣言的効果説では、承認にはそのような法的効果はなく、単に国家の成立を宣言するものだと捉える。国際文書や国際裁判は宣言的効果説を支持するものが多い。また、特定の国家からは承認されていない北朝鮮のような国も、他の国々からは承認され国家として国際社会の構成員となっているという現実は、宣言的効果説の考え方に一致する。

　国家承認の法的効果は、承認国と承認を受けた国との間で全面的に国際法上の権利義務関係が生じることである。未承認国[→15]と承認を拒否する国の間では、承認を拒否する国が認める範囲での限定的な国際法上の権利義務しか生じない。実際には、承認を拒否する国は、未承認国との間で二国間条約を締結することも、お互いが同一の多国間条約の当事国となることもできる。そのため、未承認国の国際法上の権利がどれだけ制限されるかについては、承認を拒否する国々の態度次第である。

　なお、外交関係の開設は、双方の合意に基づくものであり、国家承認の法的効果ではない。外交関係は、2国間で互いに自国を代表する外交使節を派遣し、相手国に公館を設置し常駐させることを通じて築かれる。国家は承認国との間で外交関係を断絶することも、未承認国との間で外交使節を交換して交流することも可能である。2024年8月現在、日本は北朝鮮との間では外交関係を断絶しているが、未承認国であるパレスチナとの間ではお互いが国内に外交使節を常駐させている。

　カタルーニャの例のように、国家の一部の地域が独立を主張する場合には、その新国家に対する国家承認は、重大な国際問題となりうる。カタルーニャを国家承認する国は現在のところ皆無であるが、仮にこれを行う国が現れれば、スペインの国内問題への干渉であり尚早の承認として国際法違反であることは明らかである。

(2) 政府承認　革命やクーデターなどの非合法な手段によって新政府が発足し、一国の政府の体制が一変することがある。最近では、2021年に起

代には、南ローデシアと呼ばれていた。南ローデシア政府は、少数派である白人による支配体制を維持したまま1965年に独立を宣言した。これに対して、国連安保理は、自決権に反して違法だとして、国家承認しないように要求する決議を採択した。

➡12　尚早の承認
たとえば、2008年には、ロシアの支援を受けて、ジョージアの領域の一部であるアブハジアおよび南オセチアが新国家として独立を宣言し、ロシアやニカラグアなど数カ国のみが国家承認している。これらの地域は実質的にはロシアに占領された地域だと考えられているため、これらの地域を国家として承認することは尚早の承認だといえる。他国によるアブハジアおよび南オセチアに対する尚早の承認は、ジョージアから見れば干渉にあたり国際法違反である。

➡13　創設的効果説
19世紀の欧州諸国を中心とした国際社会では、「文明国」であることが求められるなど、新国家は国際社会の一員として認められる必要があった。このような実行が、創設的効果説の基礎となっており、19世紀のヨーロッパではこの考え方が主流であった。また、新国家が成立する過程において、その新国家に対する早い段階での他国からの承認がその国家の成立を促進することが指摘されている。これは、国家承認に一定の創設的効果があるという側面を示している。

コラム❸-2　北朝鮮

　北朝鮮は、第二次世界大戦後の独立の過程でアメリカとソ連による朝鮮半島の分割占領を経て、1948年9月9日に朝鮮半島全体を領土とする国家の成立を宣言した。同年8月15日には、韓国が同様に朝鮮半島全体を領土とする国家として独立を宣言した。現在、両国は国連加盟国であり、諸国から国家承認されている。そのため、国際社会では、両国は同半島の南北にそれぞれの領土をもち、各領土を実効的に支配する政府から成る2つの国家として同半島に存在すると考えられている。

　日本は、北朝鮮を国家承認しておらず、また、外交関係をもたない。2002年には、外交関係樹立に向けた交渉再開を目指すとする内容を含む日朝平壌宣言が署名されたこともあった。しかし、日本人拉致事件やミサイル発射など未解決の重大な課題が残っており、交渉は停滞している。なお、公式の外交関係はないものの、日朝間の民間レベルでの交流は細々と続いている。

　では、日本と北朝鮮の間にはどのような国際法上の権利義務が発生するのであろうか。未承認国にも領土保全などの基本的な国際法上の国家の権利が認められ、普遍的な価値を有する慣習国際法上の義務を負うと考えられている。これら以外の国際法上の権利義務について、未承認国との間でどのような権利義務を設けるかは、基本的には当事国の判断次第である。日本は北朝鮮を国家承認していないものの、国連憲章をはじめとする多くの多国間条約ではお互いに条約当事国となっている。日本政府は、そのような多国間条約の場合には、未承認国である北朝鮮との間では日本は条約上の権利義務を負わないという立場を示している。2011年ベルヌ条約事件（最高裁2011年12月8日判決）では、最高裁判所は日本政府の見解を踏襲し、日本と北朝鮮の間には条約上の権利義務が生じないと判断した。すなわち、ベルヌ条約の下では、北朝鮮国民による著作物は日本の著作権法上の保護を受けず、日本は同事件の原告であった北朝鮮の映画会社の著作権を保護する義務を負わない。

➡14　宣言的効果説
宣言的効果説では、国家は国家の要件さえ満たせば、国家承認の有無にかかわらず国家として成立する。現在では、ヨーロッパでも日本でも宣言的効果説が多数説となっている。たとえば、1933年モンテビデオ条約3条では、他国による国家承認があるかどうかは国家の政治的存在に無関係であり、国家は承認を受ける前であっても国家の基本的権利を持つと定められた。

➡15　未承認国
中華民国（以下、台湾とも）については、日本を含めほとんどの国が国家承認を行っていない。台湾を国家承認する国は、2024年8月現在、ベリーズ、グアテマラ、バチカン市国などを含む12カ国である。中華民国政府は、共産党との内戦に敗れ、1949年に中国の南京から現在の台湾の台北に政府を移した。1972年にアメリカが中華人民共和国との間で国交正常化に向けて協議を進めることに合意した後、日本は同年に中華人民共和国を中国の唯一の政府として承認した。これによって、日本からみて台湾は中国の一部となり、未承認国となった。現在では、日本と台湾との間では、正式な外交関係はなく、民間の機関を通じて貿易関係やビザ発給などを含む実務関係を処理している。

➡16　トバール主義
革命が頻発していた20世紀以降のラテンアメリカにおいて、エクアドルの外相トバールが1907年に示した、革命政府を承認しないとする政策。憲法違反や武力によって樹立された政府を承認せず、その政府が合憲的な手続に従って再び組織されたときに改めて承認を行うべきだとした。

➡17　ウィルソン主義
アメリカ大統領ウィルソンは、1913年に革命によって成立したメキシコ臨時政府の承認問題に直面し、憲法違反の手段によって成立した政府の承認を拒否するという立場を示した。これはウィルソン主義と呼ばれる。

きた軍によるクーデター以来、軍が実権を握っているミャンマーの例などがある。このような場合には、他の国々は、新政府を正式な政府として承認するかどうか決定することができる。政変のあった国は同一国家として存続するため、国家承認は不要である。新政府を政府承認する際の要件は、新政府がその領域において実効的な支配を確立しているかどうかである。このような政府承認の要件の考え方は、事実主義と呼ばれる。これに対して、各国の政策によって、政府承認の要件に民主的な正統性を求める**トバール主義**や**ウィルソン主義**のような考え方は、正統主義と呼ばれる。

4　国家の変動

(1)　領域の変動　国家は独立や分離などの国内での政治的動きや、戦争など諸外国との関係を原因として、その領域が変動することがある。本節では、①植民地が宗主国の支配の下から離れ新国家として成立することを独立という（1947年インドによるイギリスからの独立）。②一国の領域の一部が、その国の支配から離れて新しい国家となることを分離という（1971年バングラデシュによるパキスタンからの分離）。③領域の一部を他国に移転することを割譲という（アルザス・ロレーヌは、普仏戦争後にフランスからドイツに割譲され、第一次世界大戦後にドイツからフランスに割譲された）。④他国を実力行使によって自国の一部とすることを併合という（1910年日本による韓国併合）。⑤複数国が結合し新たに1つの国家を形成する場合には、合併という（1958年エジプトとシリアによるアラブ連合共和国）。⑥1つの国家が複数国に分かれることを分裂という（1993年チェコスロバキアの分裂）。これらの変動を図式化すると、**資料❸-1**のとおりである。

(2)　国家承継　領域の変動があったとき、その地域に関して先行国が有していた国際法上の権利義務など（条約、国家財産、国家債務、国家責任、国際組織における加盟国の地位）を承継国が引き継ぐことがある。承継国による先行国の国際法上の権利義務の引継ぎを国家承継という。承継国が何を承継するかについては、先行国と承継国との間の条約、承継国による一方的宣言などによって決定される。先行国が各国との間に有していた国際法上の法的関係を新国家が承継するかどうかについては、個々の関係国との間で個別に協議して対応することになる。

国家承継における権利義務の承継の態様については、包括承継説とクリーンスレート（clean slate、白紙の状態）原則という2つの主な考え方がある。包括承継説では、新国家が先行国のすべての権利義務を承継すると考える。クリーンスレート原則とは、新国家は先行国の権利義務を自動的には承継せず、新国家は個々の権利義務について承継するか否か決定することができるとする考え方である。

国家承継に関する規則を法典化したものとして、国連総会が採択した1978年条約についての国家承継に関するウィーン条約（条約承継条約）や1983年国の財産等についての国家承継に関するウィーン条約（財産承継条約）が存在する。これらの条約のいくつかの規定は、慣習国際法を反映している。ただし、これら2つの条約は、締約国が少数にとどまっていること、国家実行に矛盾する内容も含んでいること、また、関係国の間でこれら2つの条約や慣習国際法とは異なる承継の方法に合意できる点には留意する必要があ

る。国家実行や判例において認められてきた代表的な規則は以下のとおりである。

（3）**条約の承継**　承継国は、どのような形態で領域の変動があったかにかかわらず、条約によって確定された境界や境界制度に関する権利義務、および、**領域に付随するその他の権利義務**[18]（中立化義務、通行権など）を必ず承継することが認められている（条約承継条約11条、12条）。

割譲と併合の場合には、先行国を吸収する承継国（割譲を受ける側、併合を行う側）の条約が、割譲された地域や併合された地域に適用される（条約承継条約15条）。

独立、分離、分裂の場合には、承継国は、先行国の領域に適用されていた条約を自動的には承継しない。分離および分裂に関する条約承継条約34条1項は、これに反する規則を規定しており、国家実行と矛盾する。ただし、分裂の国家実行では、チェコスロバキアや旧ユーゴスラヴィアの例のように、承継国が先行国の条約を承継すると決定した例がある。独立および分離の国家実行では、クリーンスレート原則に従い、新国家は先行国の条約を自動的には承継しないことが多い。

（4）**財産の承継**　**財産の承継**[19]については、個々の財産ごとに関係国の間で合意を形成する必要性が高く、統一的な規則は未発達である。承継国の領域内に先行国の公的財産が所在している場合には、承継国がその財産を承継するというのが原則である。たとえば、合併の場合には、先行国の公的財産は承継国に移転する（財産承継条約16条）。独立の場合には、承継国はその領域内にある先行国の不動産を承継する（財産承継条約15条1項（a））。分離、割譲、併合、分裂の場合には、関係国の間で別段の合意がないときには、承継国はその領域内にある先行国の不動産を承継する（財産承継条約14条2項（a）、17条1項（a）、18条1項（a））。

➡ 18　領域に付随するその他の権利義務
1997年ガブチコボ・ナジュマロシュ事件では、チェコスロバキアとハンガリーの間で1977年に締結されたダニューブ河の共同利用やダム建設に関する条約について、1993年のチェコスロバキア分裂後にチェコスロバキアを先行国、スロバキアを承継国とする国家承継があったと解釈するべきかどうかが問題となった。ICJは、条約承継条約12条が慣習国際法となっていることを認め、1977年の条約は領域に付随する権利義務について定めるものであり、スロバキアが承継すると判断した。

➡ 19　財産の承継
日本の裁判所で争われた外国政府の財産の承継をめぐる事件として、光華寮事件がある。この事件では、中華民国政府の日本における財産を中華人民共和国政府が承継するかどうかが論点の1つであった。このように、旧政府から新政府が権利義務等を承継することを政府承継という。政府承継では、新政府は旧政府の権利義務等をすべて承継する。しかし、本件の場合には、新政府成立後も旧政府が存続しているため判断が難しく、中華民国は光華寮の所有権を失わない（差し戻し後の1987年控訴審判決）、中華民国政府による日本での中国代表権は消滅しているため、その時点で本件訴訟手続は中断する（2007年最高裁判決）など、裁判所の間でも意見が分かれてきた。

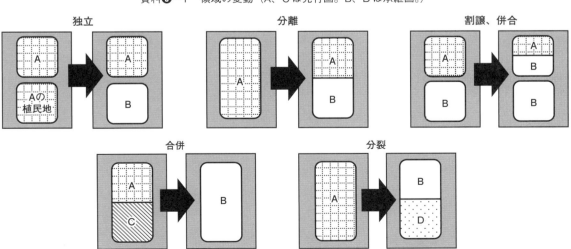

資料❸-1　領域の変動（A、Cは先行国。B、Dは承継国。）

3　国家として認められるには？

4 外国で行われた法律違反を処罰できるのか?

> **設例** 日本人が日本国内において日本の紙幣を偽造した場合、日本の裁判所はこの者に対して日本の刑法（通貨偽造罪、148条）に基づいて刑罰を科すことができる。それでは日本人が外国において日本の紙幣を偽造した場合、国際法上日本の裁判所はこの者に対して日本の刑法に基づいて刑罰を科すことができるだろうか。また外国人が日本国内あるいは外国において日本の紙幣を偽造した場合、日本の裁判所はこの者に対して日本の刑法に基づいて刑罰を科すことができるだろうか。

1 国家管轄権

(1) **国家管轄権の意味** **国家管轄権**とは、国家が国内法を制定し、その国内法を具体的な人、物または事実に適用し、執行する権能をいう。国家はその有する国家主権に基づき、自国領域内のすべての人および物を支配することができるが、この支配権を具体化するものが国家管轄権である。

(2) **国家管轄権の分類** 国家管轄権の意味にみられるように、国家管轄権は広範な内容を持つ権能であるため、国家管轄権の具体的な行使態様には様々なものがある。このため国家管轄権に関する国際法について検討する際には、その性質により国家管轄権を分類する必要がある。多くの場合には、国内法を制定する権能である**立法管轄権**、国内法に基づいて具体的な人、物または事実について裁判する権能である**裁判管轄権**、国家が物理的強制力を用いて国内法を執行する権能である**執行管轄権**に分類される。→1

(3) **国家管轄権の行使根拠（実質的連関）** 国家が国家管轄権を行使する際には、国家と国家管轄権の行使対象との間に実質的連関が存在することが必要となる。国家管轄権を行使するための根拠として認められる実質的連関には以下のものがある。

①**属地主義** 属地主義とは国家は行為が自国領域内において行われたことを根拠に、当該行為に対して国家管轄権を行使することができることをいう。国家は自国領域に対して主権を行使することができるので、行為が自国領域内において行われたことは実質的連関として認められる。属地主義は行為の一部が国家の領域内において行われた場合にも拡張されている。国家は行為の客体が自国領域外に存在する場合であっても行為の主体が自国領域内に存在すれば、当該行為は自国の領域内において行われたとして当該行為に対して国家管轄権を行使することができる。これを主体的属地主義という。国家は行為の主体が自国領域外に存在する場合であっても行為の客体が自国領域内に存在するのであれば、当該行為は自国の領域内において行われたとして当該行為に対して国家管轄権を行使することができる。これを客体的属

→1 国家管轄権の分類方法については本書において採用した3分類の方法以外に、立法管轄権と、裁判管轄権と執行管轄権を合わせた強制管轄権との2分類に分ける方法も存在する。本書では、国家免除において裁判管轄権の免除と執行管轄権の免除の関係が問題となるように、両者を区別する必要がある場面が多いと考えられることから3分類を採用した。

地主義という。国家は行為全体が自国領域外において行われた場合であっても行為の効果が自国領域内において発生したときにも、このことを根拠に当該行為に対して国家管轄権を行使することができる。これを効果主義という。

②属人（国籍）主義　（能動的）属人（国籍）主義とは国家は行為の主体が自国籍を持つことを根拠に、当該行為に対して国家管轄権を行使することができることをいう。国家は自国籍をもつ者に対して国籍を根拠に支配権を行使することができるので、行為の主体が自国籍を持つことは実質的連関として認められる。

これとは別に国家は行為の客体が自国籍を持つことを根拠に、当該行為に対して国家管轄権を行使することができることを受動的属人主義という。受動的属人主義については、行為の客体の国籍という偶然的な事情により行為の合法性を判断することは妥当でないので国家管轄権の行使根拠としては認められないとする説が有力であった。しかし特定の国籍を持つ者を標的とするテロ行為については、当該テロ行為を行った者が属地主義によっても能動的属人主義によっても処罰されないことがあるので、受動的属人主義に基づく処罰が認められるとする説が現在では有力である。

③保護主義　保護主義とは国家は行為が自国の安全や存続などの重要な利益を侵害することを根拠に、当該行為に対して国家管轄権を行使することができることをいう。通貨偽造や公文書偽造のような国家の重要な利益を侵害する行為が外国領域において行われた場合に当該行為は当該外国によっては処罰されないことが多いため、国家の重要な利益の侵害は実質的連関として認められる。

④普遍主義　普遍主義とは国家は行為が国際社会の共通利益を侵害することを根拠に、当該行為に対して国家管轄権を行使することができることをいう。国際社会の共通利益を侵害する行為が国際法により国家管轄権を行使することが認められている行為である場合、実質的連関として認められる。つまり普遍主義に基づく国家管轄権の行使は国家主権を根拠とするものではな

▶2　主体的属地主義および客体的属地主義については、主観的属地主義および客観的属地主義という用語が用いられることがある。しかし本文で説明したように問題となっているのは行為の主体および客体であり、ものの見方が問題となっているわけではないので、主観的および客観的という用語を用いることは適切ではない。

▶3　能動的属人主義および受動的属人主義については、積極的属人主義および消極的属人主義という用語が用いられることがある。しかし本文で説明したように問題となっているのは行為の主体および客体であり、行為者の態度が問題となっているわけではないので、積極的および消極的という用語を用いることは適切ではない。

▶4　日本の刑法においてもかつては受動的属人主義が採用されていなかった。しかし2002年に公海上の外国船舶において外国人が日本人を殺害するという事件が発生し、その後当該外国船舶が日本に入港したものの、当時の日本の刑法は受動的属人主義を採用していなかったため、加害者である外国人を日本の刑法を用いて処罰することができなかった（TAJIMA号事件）。そこでこの事件を契機として2003年に刑法が改正され、一部の犯罪について受動的属人主義が採用された（刑法3条の2）。なお本件の加害者については当該外国船舶の旗国において裁判が行われたが無罪判決が下った。

コラム❹-1　オンラインカジノと日本の刑法

日本国内において賭博を行った場合、当該行為に対して日本の刑法（単純賭博罪［刑法185条］、常習賭博罪［刑法186条1項］）が適用される。それでは海外において運営されているオンラインカジノに日本国内から参加した場合、当該行為に対して日本の刑法が適用されるだろうか。オンラインカジノに参加することは賭博を行うことである。オンラインカジノに日本国内から参加するということは、行為の主体は日本国内にいることになるので主体的属地主義により当該行為は日本国内において行われたことになる。つまり日本国内において賭博を行ったことになるので、当該行為に対しては国内犯として日本の刑法が適用されることになる（刑法1条1項）。このことはオンラインカジノに参加した者が日本人であるか外国人であるかを問わない。

実際に日本の警察は海外のオンラインカジノに参加して賭博行為を行った者の検挙を行っている。日本政府も警察庁等のウェブサイトにおいて、海外では合法に運営されているオンラインカジノであっても、日本国内から参加して賭博を行えば犯罪になるという広報活動を行っている。

また日本国内から海外のサーバを利用してオンラインカジノを運営することも、賭博開帳図利罪（賭博場を開いて利益をあげようとする犯罪。刑法186条2項）となる。これも運営者が日本人か外国人かを問わない。実際に日本の警察によって検挙された例もある。

つまり日本国内においてオンラインカジノに関わることは「グレー」ではなく完全に「ブラック（犯罪）」である。

く国際法を根拠とするものである。国際法上の根拠なしに普遍主義に基づいて国家管轄権を行使することはできない。普遍主義については、海賊のように、慣習国際法上、国家に国家管轄権の行使について裁量が認められている場合と、ハイジャックのように、条約上、国家に国家管轄権の行使が義務付けられている場合がある。➡5

2　国家管轄権の競合の調整

　純粋な属地主義に基づく国家管轄権の行使を除き、国家管轄権の行使対象となる行為は自国領域外において行われている。国家が自国領域外において行われた行為に対して国家管轄権を行使することを、**国家管轄権の域外行使（適用）**という。➡6 国家管轄権の域外行使が行われることにより、単一の行為に対して複数の国家の国家管轄権が行使される場合がある。このような国家管轄権の競合をどのように調整するかが問題となる。

　（1）**立法管轄権の競合の調整**　公法に関しては、立法管轄権を行使するためには、立法管轄権を行使する国家と立法管轄権の行使対象との間に実質的連関が存在することが必要となる。裁判所は、その属する国家の公法のみを適用する。このため国家間において主権の衝突を生じさせることがある。たとえばY国の国内において行われた行為についてY国の裁判所はY国の法律に基づいて裁判を行い、その結果当該行為を合法と判断する一方、X国の裁判所はX国の法律に基づいて裁判を行い、その結果当該行為を違法と判断する場合がある。これは当該行為について合法とするY国の主権に基づく判断と、違法とするX国の主権に基づく判断とが衝突しているといえる。このように公法に関する立法管轄権の競合は、国家間における主権の衝突を生じさせることがあるので、調整する必要がある。具体的な調整方法としては**真正な結合**➡7の有無や関係国間の利益衡量などが主張されているが、定説は存在していない。私法に関しては、立法管轄権の行使に対する国際法上の制限はないとする説が有力である。単一の行為に対して複数の国家の私法が関係する場合、当該行為について裁判を行う裁判所がその属する国家の**国際私法**➡8に基づいてどの国家の私法を適用するかについて判断する。そして国際私法ではある行為については当該行為と最も密接な関係を有する国家の法律を適用するのが原則であるため、どの国家の裁判所が裁判を行っても、同じ国家の国内法が当該行為に対して適用されることが多い。たとえばY国内において行われた行為について最も密接な関係を有する国家の法律がY国の法律である場合、当該行為についてX国の裁判所が裁判を行うときであってもY国の裁判所が行うときであっても、Y国の法律が適用される。このように私法に関しては、公法のようにある国家の国内法によって他の国家の国内法の適用が否定されるということは少ないため、国家間において主権の衝突が生じることは少ない。このため私法に関しては立法管轄権の行使に対する国際法上の制限はないとされる。しかし私法に関しても、不法行為や家族法の分野では、ある国家の国内法によって他の国家の国内法の適用が否定されるという主権の衝突が生じる場合がある。例えばY国の国内において行われた行為についてX国の裁判所がX国の私法に基づいて当該行為を不法行為と判断することがある。当該行為についてY国の裁判所がY国の私法に基づいて不法行為と判断しない場合、公法の場合と同様に当該行為は不法行為で

➡5　航空機の不法な奪取の防止に関する条約では、締約国はハイジャックの容疑者がその領域内に所在し、かつその容疑者をハイジャックが行われた航空機の登録国、ハイジャックが行われた航空機が着陸した国またはハイジャックが行われた航空機の賃借人の本国に引き渡さない場合、当該ハイジャックについて裁判権を設定しなければならないといういわゆる「引渡しか訴追か」の義務を負わされている（4条2項）。同様の義務は多くの犯罪取締条約において締約国に対して課されている。

➡6　多くの教科書では国家管轄権の域外適用という用語が用いられている。しかし国家管轄権のような権能について適用するという表現は通常用いられない。権能については行使するという表現が通常用いられる。このため本書では通常の表現方法である国家管轄権の域外行使をいう用語を用いる（法については適用するという表現は通常用いられるので、国内法の域外適用という用語なら通常の表現方法によるものである）。

➡7　**真正な結合**
真正な結合とは国家管轄権を行使する国家と国家管轄権の行使対象との間の、国家管轄権の行使を正当化できる程度の強い結合関係をいう。たとえば能動的属人主義の場合、行為者が国家管轄権を行使する国家の国籍を有しているというだけでは真正な結合があるとはいえず、行為者の生活の本拠が当該国家の領域内にあるなど両者の間に強い結びつきがあれば真正な結合があるといえることになる。

➡8　**国際私法**
国際私法とは複数の国家が関連する法律関係（渉外的法律関係）について、どの国家の法律を適用するのかを決定するための法のことをいう。単一の行為に対して複数の国家の法律が適用されるという法の抵触を解決する法であるので、抵触法ともいう（⇒本書❶➡2）。

あるというＸ国の主権に基づく判断と、不法行為ではないというＹ国の主権に基づく判断とが衝突することになる。このため私法に関しても公法と同様に立法管轄権の行使に対する国際法上の制限があるとする説もある。

　（2）**裁判管轄権の競合の調整**　　国家が裁判管轄権を行使するためには、当該国家と裁判管轄権の行使対象との間に**実質的連関**が存在することが必要となる。たとえばＸ国の裁判所はＸ国と実質的連関が存在しないＹ国の国内において行われた行為について裁判を行うことはできない。また刑事裁判を当事者不在で行うことは裁判を受ける権利を侵害する国際法上違法な行為である。➡9 このため刑事裁判管轄権を行使するためには、当事者が当該管轄権を行使する国家の領域内に存在することが必要となる。さらに特権免除や国家免除などを規定する慣習国際法や条約により、裁判管轄権を行使することができないことがある。民事裁判は当事者不在でも行うことができるが、当事者の所有する財産が裁判を行う国家の領域内に存在しない場合や当事者が裁判を行う国家の領域内において活動していない場合、当該当事者を敗訴させる判決を下しても、この判決を当該当事者に強制することができないため無意味になることが多い。

　（3）**執行管轄権の競合の調整**　　国家は外国において執行管轄権を行使することはできない。国家が外国の領域内において権力を行使することは、当該外国の主権を侵害することになるからである。たとえばＸ国の警察官がＹ国の国内においてＹ国の同意なしに捜査活動を行ったり容疑者を逮捕したりすることは、Ｙ国の主権侵害となりできない。このため国家が外国において執行管轄権を行使することができるのは、当該外国が同意した場合に限られる。国家は自国領域内においては対象者の国籍を問わず執行管轄権を行使することができる。たとえばＸ国の警察官はＸ国の領域内においてＹ国人を逮捕することができる。しかし特権免除や国家免除などを規定する慣習国際法や条約により国家は自国領域内であっても外国、外国人などに対して執行管轄権を行使することができないことがある。

➡9　市民的および政治的権利に関する国際規約では、刑事責任の決定において最低限平等に保障されなければならないものの１つとして、本人が出席して裁判を受けることが規定されている（14条３項（d））。

コラム❹-2　効果主義

　効果主義に基づく立法管轄権の行使は、アメリカが競争法について初めて行うようになった。1945年に出されたアルコア事件の連邦巡回控訴審判決において、域外の行為が域内に効果を及ぼすことを意図しており、且つ現実に域内に効果を生じさせたものである場合には、当該行為に対して国家管轄権を行使することができると示された。その後もアメリカは域外における価格カルテルのような競争を制限する制限的取引行為に対して効果主義に基づく立法管轄権の行使を行った。これに対して欧州諸国や日本はアメリカによる外国に対する干渉であるとして反対してきた。しかし欧州諸国も効果主義に基づく立法管轄権の行使を行うようになり、日本の最高裁判所も2017年に、価格カルテルが日本国外で合意されたものであっても日本の自由競争経済秩序を侵害する場合には、当該カルテルに対して独占禁止法が適用されると判断した。効果主義については、これに基づく立法管轄権の行使の合法性自体はもはや争われず、今後は立法管轄権の競合の調整方法の確立が国際法における議論の中心となる。

　例えば、EUは一般データ保護規則（GDPR）を域外に適用することにより個人情報の保護を図っている。しかしこれは域外における情報流通の自由を制限することがある。このため問題となっている個人情報が公人に関するものは情報流通の自由を優先する（つまり域外適用しない）が公人に関するものでなければ個人情報の保護を優先する（つまり域外適用する）といった調整が行われている。

3 国家管轄権の行使が制限される場合

(1) **常駐外交使節団[10]および領事機関[11]**　常駐外交使節団および**領事機関**の構成員は**特権免除**[12]を享有するため、これらの者に対する接受国の国家管轄権の行使が制限される。常駐外交使節団の構成員のうち、使節団の長および使節団の外交職員を外交官という（外交関係に関するウィーン条約1条（e））。外交官は接受国の刑事裁判権からの免除を享有する（同条約31条1項前段）。この免除は絶対的であり、公務中の行為だけでなく公務外の行為も免除の対象となる。外交官は民事および行政裁判権からの免除も原則として享有する。ただし①使節団の目的のために派遣国を代理して所有するものを除く、接受国の領域内に所在する私有不動産に関する対物訴訟、②外交官が派遣国の代理としてではなく私人として遺言執行者、相続財産管理人、法定相続人または遺産受取人としてかかわる相続に関する訴訟、③外交官によって行われたすべての職業的又は商業的活動に関する訴訟、については免除を享有しない（同条項後段）。また派遣国は、外交官の裁判権からの免除を放棄することができる（同条約32条1項）。ただしこの放棄は明示のものでなければならない（同条2項）。また民事または行政手続に関する裁判権からの免除の放棄は、判決の執行に関する免除の放棄を意味するものとはみなされず、判決の執行のためには別個の放棄が必要となる（同条4項）。外交官は接受国の法令を尊重する義務を負っている（同条約41条1項）。つまり外交官に対しては接受国の裁判管轄権および執行管轄権の行使は制限されているが、立法管轄権の行使は制限されていない。

領事機関の構成員も特権免除を享有するため、これらの者に対する接受国の国家管轄権の行使が制限される。ただし外交官と比較するとその制限の程度は限定的である[13]。領事機関の構成員のうち、その資格において領事任務を遂行する者（領事機関の長を含む）を領事官という（領事関係に関するウィーン条約1条1項（d））。領事官は、領事任務の遂行にあたって行った行為について接受国の裁判権から免除される（同条約43条1項）。ただし民事訴訟のうち、領事官が明示的にまたは黙示的に派遣国の代理人として契約したものではない契約について生じたものおよび接受国内において交通事故により損害を被った第三者によるものについては、免除されない（同条2項）。また派遣国は、領事官の裁判権からの免除を放棄することができる（同条約45条1項）。ただしこの放棄は明示的に書面により行わなければならない（同条2項）。また民事または行政手続に関する裁判権からの免除の放棄は、判決の執行に関する免除の放棄を意味するものとはみなされず、判決の執行のためには別個の放棄が必要となる（同条4項）。領事も接受国の法令を尊重する義務を負う（同条約55条1項）。つまり領事官に対しても接受国の裁判管轄権および執行管轄権の行使は制限されているが、立法管轄権の行使は制限されていない（国際組織の特権免除については、本書❺を参照のこと）。

(2) **国家免除（主権免除、裁判権免除）**　**国家免除**とは、国家は外国の裁判権から原則として免除されることをいう。国家が外国の裁判権に服することは、国家の主権が外国の主権に従属することを意味する。これは主権平等原則に違反するため国家免除が慣習国際法として成立した。かつては不動産に関する訴訟など一部の例外を除き、すべての国家の行為について国家免除

➡10　**常駐外交使節団**
常駐外交使節団とは、国家が対外問題を処理するために他の国家に派遣して常駐させる機関をいう。常駐外交使節団を派遣する国を派遣国、受け入れる国を接受国という。外交関係の開設および常駐外交使節団の設置は、国家間の相互の同意によって行われる（外交関係に関するウィーン条約2条）。常駐外交使節団の主な任務は、派遣国政府を代表して接受国政府と交渉することである（同条約3条1項）。

➡11　**領事機関**
領事機関とは国家が自国および自国民の利益を保護するために他の国家に派遣する機関をいう。領事機関を派遣する国を派遣国、受け入れる国を接受国という。領事関係の開設は、国家間の相互の同意によって行われる（領事関係に関するウィーン条約2条1項）。領事の主な任務は、接受国において派遣国およびその国民の利益を保護すること、派遣国と接受国との間の友好関係を促進することならびに派遣国の国民に対して旅券等および派遣国への渡航を希望する者に対して査証等を発給することである（同条約5条）。

➡12　常駐外交使節団および領事機関の構成員が特権免除を享有する根拠としては、治外法権説、代表説、機能説がある。治外法権説は、常駐外交使節団は接受国の外にありその主権は及ばないとする。代表説は、常駐外交使節団は派遣国の主権を代表するものであるので国家と同様の免除を受けるとする。機能説は常駐外交使節団が任務を円滑に遂行するために必要であるとする。これらの説のうち両機関の構成員は接受国の法令を尊重する義務を負っており、接受国の法令の適用を受けるので治外法権説は妥当でない。代表説は常駐外交使節団に対しては派遣国を代表する任務を負っているので妥当するが、領事に対しては派遣国を代表する任務を負っていないので妥当しない。機能説は常駐外交使節団にも領事機関にも妥当する。

➡13　常駐外交使節団の特権免除の根拠としては代表説と機能説が妥当するので、その特権免除は派遣国の主権を尊重するという観点から広範に認められる。しかし領事機関の特権免除の根拠としては機能説のみが妥当する。このためその特権免除は領事機関が任務を円滑に遂行するための必要な範囲に限り認められる。

が認められるという**絶対免除主義**が主流であった。しかし国家が商業的取引も行うようになると、商業的取引についても国家免除を認めることは国家の相手方の私人が大きな不利益を被ることがあるため妥当でないとして絶対免除主義が批判されるようになった。このため現在では、主権的行為については国家免除が認められるが、業務管理的行為については国家免除が認められないという**制限免除主義**が主流である。しかし主権的行為と業務管理的行為とを区別する基準は慣習国際法として明確には定まっていない。学説上は行為の目的が公的なものかそれ以外かを基準とする行為目的説と行為が私人も行うことができる性質のものかできない性質のものかを基準とする行為性質説が存在する。

　国家は外国の裁判権から免除されるだけでなく、外国の強制執行からも免除される。国家が外国の強制執行を受けることは主権平等原則に違反するからである。ただし国家免除が認められない場合に、強制執行からの免除も認められなくなるのかが問題となる。たとえばＸ国の裁判所がＹ国の行為について裁判を行うことができる場合に、Ｘ国の裁判所が当該裁判の判決に基づきＸ国の国内にあるＹ国が所有する財産に対して強制執行を行うことができるのかが問題となる。この問題については、強制執行は判決を実現するために行われるものであるから両者は一体のものであり、国家免除が認められない場合には強制執行からの免除も認められないとする説と、判決によっては現実の不利益は生じないが強制執行によっては現実の不利益が生じるというように両者の法的性質は異なるため、国家免除が認められない場合であっても強制執行からの免除は認められるとする説がある。この問題に関する慣習国際法も明確ではない。国家免除が認められない場合であっても、少なくとも主権的行為に関する財産に対する強制執行の免除は認められることは慣習国際法として確立しているといえる。しかし業務管理的行為に関する財産に対する強制執行の免除が認められるかについては不明確である。

・・・

コラム❹-3　不法行為例外

　国家免除に関し、国家による不法行為については国家免除が認められない（不法行為例外）とする説が主張されている。未発効であるが国およびその財産の裁判権からの免除に関する国際連合条約では、国家はその不法行為による損害に対する賠償請求訴訟については、関係国間において別段の合意が存在しない限り、国家免除を援用することができないと定められている（12条）。欧州国家免除条約においても同様の規定が存在する（11条）。また一部の国家の国内法においても不法行為については国家免除を認めないという規定が設けられている（たとえばイギリス国家免除法5条）。日本の外国等に対するわが国の民事裁判権に関する法律にも同様の規定があるが（10条）、条約又は確立された国際法規に基づき外国等が享有する特権又は免除に影響を及ぼすものではないとも定められている（3条）。国際司法裁判所は、国家による不法行為、特に重大な人権侵害のような強行規範に違反する行為については国家免除が認められないことが慣習国際法として確立しているかが争われた事件において、一般的に不法行為例外が慣習国際法であるかについては回答する必要がないとした上で、武力紛争中の軍隊の行為については国家免除が認められることが現在の慣習国際法であり、また国家免除は手続法であり強行規範との抵触という問題がそもそも生じないので強行規範により国家免除に関する慣習国際法は影響を受けないと判断した（フェリーニ事件2012年判決）。この判決は一般的に不法行為例外が慣習国際法として確立していないことの根拠とはならないが、不法行為例外についてすべての不法行為を一律に論じることが適切ではないことを示唆するものといえる。

5 国際組織は何をしているのか？

> **設例** ウクライナやパレスチナの情勢をめぐって国連は役に立たないといわれることが多くなっている。そもそも国連をはじめとする国際組織はどのような役割を果たしているのだろうか。「法の支配」に基づく国際秩序を考えていくうえで国際組織にはどのような課題があるのだろうか。

1 国際組織とは何か？

(1) 国際組織の定義 一般に**国際組織**[1]という場合、実に様々なものを含めて用いられる。国連や世界保健機関などの政府間国際組織から、アムネスティ・インターナショナルや国境なき医師団といった**非政府団体（NGO）**[2]、さらには多国籍企業や国際的な犯罪組織も含めて指すことがある。このうち、国際法の観点からは狭義の国際組織としての政府間組織が最も重要である。政府間国際組織は、条約すなわち国際法によって設立され、また現在の国際社会において大きな役割と影響力を有しているからである。こうした狭義の国際組織の定義はまだ確立していないが、一般には「国家間の合意（条約）によって設立される機能的な組織」と理解され、次のような特徴をもつ。①原則として、国家が構成員である（ただし、EUが構成員となるなど例外もある）。②国際組織へ参加するかどうかは各国に委ねられている（国際組織が条約によって設立される）。③恒久的機関が存在する（事務局という継続的な活動を行う機関や総会や理事会といった必要に応じて会議を開催する機関の存在）。④加盟国からは自立した存在であり、国際組織固有の意思が存在する（たとえば、総会などの主要機関の決議は多数決によって採択され、決議の主語は加盟国ではなく採択機関名となる）。⑤国家間の協力関係を維持・促進することを任務としている。

(2) 国際組織の類型 狭義の国際組織でさえ、現在では実に多くの組織が存在する。国際社会における様々な役割を理解するために、おおよそ次のように類型化できる。まずは、加盟国の範囲に基づいて、普遍的国際組織（すべての国に開放されている）と地域的国際組織（一定の基準に基づいて参加が限定されている）に区別することができる。もう1つの基準は、組織の目的や任務の範囲によるものであり、一般的（総合的）国際組織と専門的国際組織に区別できる。前者は、目的や任務が限定されず平和の実現など政治的目的を中心とする幅広い任務をもち、後者は目的や任務が限定されている。それ以外にも、国際組織が行使できる権限の強さや、組織の活動の性格に基づく区別もできるであろう（⇒資料❺-1）。

(3) 国際組織発展の歴史 20世紀に入ってから、様々な国際組織が設立され国家間の協力関係が強化されることとなった。その本格的な始まりは、第一次世界大戦後の国際連盟と**国際労働機関（ILO）**[3]の設立であった。

▶1 **国際組織**
学術的には「国際組織」と「国際機構」は同義で用いられている。条約の公定訳や政府文書では「国際機関」とされている。これらはすべて同義であるが、国際組織（international organization）と、総会や理事会などの組織内部の機関（organ）が混同されることを避けるために「国際機関」は用いない方がよいであろう。

▶2 **非政府団体（NGO）**
NGOは、人権保護や人道援助、環境保護などの国際社会の重要課題に取り組む団体ではあるが、条約ではなく各国の国内法に基づいて設立されている。オリンピック国際委員会（IOC）のように、国内オリンピック委員会の存在する国から選出されたIOC委員によって総会が構成されているようなものもある。しかし、IOCもスイス民法に基づいて設立された組織であり、政府間組織とはいえない。

▶3 **国際労働機関（International Labor Organization）**
多くの国際組織では、各国代表による一国一票で意思決定を行うことが一般的である。しかし、ILOは発足当初から三者構成という特殊な方式を採用している。各加盟国から、政府代表2名、労働者代表1名、使用者代表1名の4名が総会や理事会に参加する。そして、各代表はそれぞれの立場から表決を行うことができる。ちなみに、日本は労働者側を「日本労働組合総連合会（連合）」から、使用者側を「日本経済団体連合会（経団連）」から派遣することが慣行となっている。

それは、19世紀の欧州国際社会における様々な経験を踏まえて可能となったことも重要である。第1に、ナポレオン戦争後のヨーロッパ協調（⇒本書❶2）では、いくつかの大国が主導する多国間会議外交を通じて平和維持機能を果たしたといわれる（現在の理事会へ）。第2に、1899年と1907年のハーグ平和会議では、当時の大国も中小国も対等な立場で参加し、紛争の平和的解決や戦時国際法に関する諸条約を採択した（現在の総会へ）。第3に、欧州の国際河川（ダニューブ川など）の共同管理のため設立された国際河川委員会の経験を踏まえて、19世紀半ばから、通信・郵便・交通・運輸などの専門的・技術的分野で定期的な国際会議を開催するようになった。さらに常設的な事務局も作られた。これらを**国際行政連合**という（現在の国連専門機関、事務局へ）。

➡4　**国際行政連合**
具体例として、万国電信連合や万国郵便連合、国際鉄道貨物輸送連合、国際衛生会議、著作権保護連合などがある。市民革命や産業革命を経てヒトやモノの国境を越えた活動が活発化する中で、各国で協働するための行政的な対応が必要になってきたのである。

第一次世界大戦がもたらした被害の大きさは国際社会に大きな衝撃を与え、パリ講和会議におけるヴェルサイユ条約の第1編として**国際連盟規約**が採択され、一般的な平和維持機構としての国際連盟が設立された。連盟は、伝統的な主権国家体制と国家主権の尊重を前提として、全会一致を原則とした。1920年の活動発足当時は42カ国であったが最大で60カ国までになった。しかし、1930年代に入ると世界恐慌の影響や日本を含む加盟国の相次ぐ脱退もあって、第二次世界大戦を防ぐことができなかった。ただし、一般的国際組織として、国際の平和と安全の維持以外の国際協力の促進については目覚ましい進展があったことも重要である。

国連では、連盟の「失敗」も踏まえて様々な仕組みや手続きが改善された。大戦中から構想され、1944年の米英中ソによるダンバートン・オークス提案でほぼ骨格が定まり、1945年4～6月のサンフランシスコ憲章起草会議（参加国50カ国、原加盟国は51カ国）において**国連憲章**が採択され、同10月24日に発効した（2024年8月現在の加盟国は193カ国）。国連は、連盟の3部構造（総会、理事会、事務局）を受け継ぎつつ、6つの**主要機関**（総会、安保理、経済社会理事会、信託統治理事会、国際司法裁判所、事務局）を設けて、戦争の防止以外の国際協力分野にも幅広く対応するものとなった。国際の平和と安全の分

➡5　**主要機関**
国連の6つの主要機関以外に重要な機関として、2006年に設置された人権理事会がある。人権理事会は、従来は経済社会理事会の下に置かれていた人権委員会を改組する形で、総会の補助機関として設置された。主要機関ではないが、人権の保護・促進が国連の中心的な任務の1つであることを示し、その機能を強化することを目的としたものである。

資料❺-1　国際組織の類型と国連専門機関

国際組織の類型

	一般的（総合的）	専門的
普遍的	国際連盟（LN） 国際連合（UN）	17の国連専門機関※ 国際原子力機関（IAEA） 世界貿易機関（WTO） 国際移住機関（IOM） 化学兵器禁止機関（OPCW）
地域的	欧州連合（EU） 米州機構（OAS） アフリカ連合（AU） 東南アジア諸国連合（ASEAN） イスラム会議機構（OIC）	経済開発協力機構（OECD） 北大西洋条約機構（NATO） アジア開発銀行（ADB） 西アフリカ経済共同体（ECOWAS）

国連専門機関

世界観光機関（UNWTO）、国連工業開発機関（UNIDO）、国際通貨基金（IMF）、国際復興開発銀行（IBRD）、国際開発協会（IDA）、国際金融公社（IFC）、国際労働機関（ILO）、世界保健機関（WHO）、世界気象機関（WMO）、国際電気通信連合（ITU）、世界知的所有権機関（WIPO）、国連食糧農業機関（FAO）、国際農業開発基金（IFAD）、国連教育科学文化機関（UNESCO）、国際海事機関（IMO）、国際民間航空機関（ICAO）、万国郵便連合（UPU）

野では、安保理に強い権限が付与され5大国一致（いわゆる**拒否権**[→6]）を前提とする強力な集団安全保障制度を導入した（⇒本書⓮2）。また、加盟国の主権平等を前提としつつ、表決手続において**多数決制**[→7]を原則とした。

（4）**国際組織の国際法人格**　国連が発足してもなお、国連が加盟諸国から自立した存在なのかどうかについては争いがあった。そうしたなか、1948年のイスラエル独立宣言をきっかけとする第1次中東戦争が勃発し、国連が調停官として派遣したベルナドッテ伯らがエルサレムで殺害されるという事件が起こった。国連総会では、国連自身と被害者とに生じた損害について、そもそも国連がイスラエルに対して損害賠償を国際的に請求できるのかどうかが問題となり、国際司法裁判所（ICJ）に対して勧告的意見を要請した。翌1949年、ICJは、国連の目的や任務に照らして、**国連による条約締結**[→8]などが想定されていることから、「**国際法人格**」を有しており、国連憲章に明示の規定はないが国際的な請求を行う能力をもっていることが推論されると判断した（**黙示的権限の法理**[→9]）。この判断を受けて、次第に国際組織は加盟諸国とは区別される独自の国際法主体性を有する存在ということが認識されるようになり、国際組織をめぐる国際法の発展につながっていった。

2　国際組織はどのような機能を果たしているか？

（1）**フォーラムとしての機能**　国際組織は、加盟国の代表が集まり共通の関心事項について討議する場を提供している。言い換えれば、加盟国間の利害関係を調整する場でもあり、協議を通じて、以下の(3)で指摘するような規範や「共通利益」の設定が可能となる。フォーラムにおける日常的な情報交換やコミュニケーションが、加盟国間の協力関係を促進・強化することに貢献している。その意味で、国家が組織に加盟することによって得られる利益は決して小さくはない。

国連憲章は第4条で加盟の条件と手続について規定している。新規加盟国は「憲章に掲げる義務を受諾」し、国連により、その「義務を履行する能力及び意思がある」と認められる「平和愛好国」であることが条件とされ（1項）、「安全保障理事会の勧告」に基づき、「総会の決定」によって行われる（2項）。2024年3月にパレスチナは改めて加盟申請を行ったが、安保理における拒否権行使（＝加盟の勧告ができない）によりいまだ加盟することができていない。しかし、パレスチナは2012年11月に「オブザーバー国家」として総会で承認されており、国家として総会での**討議に参加**[→10]している。

他方で、国連憲章では加盟国の権利および特権の停止に関する5条、除名に関する6条が規定されているが、これも安保理による勧告（拒否権の対象）に基づき総会が決定する（3分の2の賛成が必要）という厳しい要件がありこれまでに例がない。脱退については国連憲章には明文規定がないが多くの国際組織は脱退規定を設けている。主権国家の基本的権利として脱退が認められるとしても、現実的には必ずしも望ましいとはいえない（⇒うらん❺-1）。

（2）**情報収集・分析機能**　国際組織は、加盟国の共通関心事項にかかわる情報の収集、分析、交換、頒布を行っている。地味ではあるが、こうした機能により加盟国間の円滑的なコミュニケーションと客観的な情報に基づく協議が可能となる。この機能を果たすうえで決定的に重要な役割を果たしているのが事務局である。国連の場合、**事務総長**[→11]（他の組織では事務局長など）

[→6] **拒否権**
憲章27条3項は、手続事項以外のすべての事項に関する安保理の決定は、常任理事国の「同意」投票を含む9理事国の賛成投票によって行われると規定している。しかし、慣行によって、棄権は決議の採択を妨げないと解されている。なお、第6章の紛争の平和的解決に関する決定の際、紛争当事国は棄権しなければならないとも規定されているが、必ずしも厳格に適用されているわけではない（たとえば、ウクライナ侵攻を非難する決議案がロシアの拒否権によって否決された）。

[→7] **多数決制**
憲章18条によれば、国連総会の決定は、出席しかつ投票する構成国の過半数によって行われ、重要問題（安保理非常任理事国の選挙、新規加盟国の承認など）の決定は、出席しかつ投票する構成国の3分の2で行われる。一方で、現在ではコンセンサスによる採択が一般的になっている。コンセンサスとは一般的合意を意味するが、表決に付さずに採択する方式であり、全会一致とは厳密には異なることに注意が必要である。

[→8] **国連による条約締結**
国連憲章では、43条で国連軍の創設に関する国連と加盟国との間の特別協定、57条1項や63条1項で国連と専門機関との連携協定などが規定されている。明文規定がない場合であってもたとえば、国連と米国、スイス、オランダなどとの間で本部協定が締結されていたり、PKOが派遣される場合に国連と要員の派遣国、国連とPKOを受け入れる国との間で協定が締結されたりしている。

[→9] **黙示的権限の法理**
「国際法上、機構は、憲章中にはっきりと述べられていないとしても、必然的推断によりその任務の遂行に不可欠なものとして機構に付与される権限を有しているものとみなされるべきである」という考え方である。この考え方によって、設立文書には明確に規定されていないが国際組織の目的に照らして必要と考えられる様々な活動が正当化されてきた。

[→10] **討議に参加**
2023年10月以降のガザ侵攻後、パレスチナは改めて国連に新規加盟を申請し、安保理は米国の拒否権によって否決したが、総会は加盟を承認する決議を採択した（A/RES/ES-10/23）。安保理の勧告がないため、パレスチナは依然として加盟国にはならないが、同決議によってパレスチナには決議提

と事務総長が任命する職員で構成される。事務総長は、安保理の勧告に基づいて総会が任命する（国連憲章97条）。職員の任命にあたっては、最高水準の能率、能力および誠実の確保、なるべく広い地理的基礎に基づくことを考慮しなければならない（同101条3項）。事務総長と職員は、いかなる政府からも指示を受けたりすることはできず、国連に対してのみ責任を負う国際的職員として、その地位を損なうような行動をとってはならない（同100条1項）。また、加盟国もそのような中立性を害するような行動をとってはならない（同2項）。そうした中立性を保持するために、一般的に、国際組織および職員には**特権免除**が付与されている（⇒本書❹3）。

（3）規範設定機能　国際組織は、法的拘束力のない勧告や宣言などにより国家の行為規範の形成を促したり、条約を起草し採択したりもする。

国連総会をはじめとして、多くの機関が採択する決議は一般的に勧告にとどまる（ただし、内部事項に関する決議は法的拘束力を有するとされる）。例外的に、安保理の決定は拘束力をもつが（国連憲章25条）、安保理決議のすべてが拘束力をもつわけではなく、憲章第7章に基づく強制措置の決定などに限定されることにも注意が必要である。他方で、勧告的効果にとどまる決議もまったく無意味というわけではない。決議における勧告内容は、採択した機関の固有の意思の表明であり、ある加盟国に対して特定の作為・不作為を求める場合、その加盟国には誠実に対応する義務がある（同2条2項、5項）。具体的には、決議における勧告を誠実に考慮し、受け入れることができない事実を十分な理由とともに回答・説明することが期待されている。

また、国連総会が採択する「法宣言決議」には特殊な法的効果があるともいわれる。たとえば、世界人権宣言や植民地独立付与宣言、友好関係原則宣言などの中には、採択当時にすでに確立していた慣習国際法規則を成文化したものや、確立していない規則でも、決議が反復され、その後の国家実行により国連の内外で確認されていくうちに、事後的に法的信念が形成され、慣習国際法規則の成立につながったものもある（⇒本書❷1、うらむ❷-1）。

案権を含むオブザーバー以上の権利が付与されている。それに基づき、パレスチナは2024年7月のICJ勧告的意見に基づいて、イスラエルに対して国際法上違法である占領政策を1年以内に終了させることを求める決議を提案し、同年9月18日に賛成124、反対14、棄権43により採択された（A/RES/ES-10/24）。

➡11　**国連事務総長**
初代　トリグブ・リー（1946年2月～1952年11月、ノルウェー）
2代　ダグ・ハマーショルド（1953年4月～1961年9月、スウェーデン）
3代　ウ・タント（1961年11月～1971年11月、ミャンマー）
4代　クルト・ワルトハイム（1971年12月～1981年12月、オーストリア）
5代　ハビエル・ペレス・デクエヤル（1981年12月～1991年12月、ペルー）
6代　ブトロス・ブトロス＝ガリ（1992年1月～1996年12月、エジプト）
7代　コフィ・アナン（1997年1月～2006年12月、ガーナ）
8代　潘基文（2007年1月～2016年12月、韓国）
9代　アントニオ・グテーレス（2017年1月～、ポルトガル）

➡12　**特権免除**
特権免除の一例として国内裁判所の裁判権免除がある。たとえば、日本でも国連大学に雇用されていた職員が、不当に解雇されたことを理由として国連大学を相手に日

うらむ❺-1　ウクライナ侵略後のロシアに対する除名や資格・権利停止問題

2022年2月の侵攻後、ロシアは欧州評議会から除名処分、世界観光機関でも資格停止処分を受けて、ロシアは脱退するに至っている。また、国連の人権理事会理事国としての資格停止をはじめ、多くの機関で構成員資格の停止、参加権や役務提供の停止が行われている。本文で述べている通り、こうした実行はロシアにとって組織の活動に参加できないために多大な不利益をもたらすことにつながる。このような措置を決定する組織の実行からは、ロシアにウクライナへの侵略をやめさせようとする意図がうかがえる。

こうした組織の活動への参加拒否や加盟国の地位に伴う利益のはく奪は、伝統的に「不参加の制裁」としてその有用性が指摘されてきた。たとえば、南アフリカのアパルトヘイト政策に対して、国連総会は憲章5条の規定に基づく権利停止ではなく、南ア代表の信任状を拒否することによって総会から締め出した実行がある。信任状審査はあくまで手続的プロセスであり5条を迂回するような適用は憲章違反との指摘もあるが、国連総会という国際社会の代表的な機関に参加できないことが南アにもたらした不利益は軽視できない。

ロシアに対する強制措置が困難な状況において、国際協力の枠組みからの締め出しは一定の影響力をもつ。人権理事会の資格停止に対してロシアが自ら「辞任」し、その後の理事国選挙で積極的な運動を展開したことは、資格停止措置を重く受け止めていることの証左ともいえる（結局、この理事国選挙では落選し、その後経済社会理事国選挙でも落選するなど、苦戦が続いているようである）。他方で、欧州評議会からの除名・脱退によってロシアを相手取った人権侵害の訴えができなくなったこともわかるように、締め出しはその国の義務の回避につながることもある（日本の国際連盟からの脱退は、制裁回避のためだったともいわれる）。「不参加の制裁」はそうしたバランスを考慮して行われなければならない。

本の裁判所に提訴した事件がある（「国連大学事件」（1977年））。東京地方裁判所は、国連大学の裁判権免除を理由として申請を却下した。国際組織職員の身分保障については国際行政裁判所などが対応してきている。しかし、職員の身分保障以外については、国際組織の違法行為による被害者が救済を求める国際的な手続が十分整備されているとはいえないのが現状であり、そのような場合でも国内裁判所の裁判権免除は認められるべきかどうかが議論になっている。

➡️ 13　**内部規則の法的拘束力**
具体例として、議事手続規則・財政規則などの制定、補助機関の設置、議長・事務総長や理事国などの選挙、予算の承認、加入、権利の停止、除名や分担金分担率の決定などが挙げられる。

➡️ 14　**2条2項、5項**
「2　すべての加盟国は、加盟国の地位から生ずる権利及び利益を加盟国のすべてに保障するために、この憲章に従って負っている義務を誠実に履行しなければならない。」
「5　すべての加盟国は、国際連合がこの憲章に従ってとるいかなる行動についても国際連合にあらゆる援助を与え……（中略）……なければならない。」

➡️ 15　**義務的分担金**
国連の通常予算は2年ごとに編成され、義務的分担金によって賄われる。分担金比率は、一定の支払能力（経済力）に応じて決定され、3年ごとに見直される。日本は、2018年までは米国についで第2位であったが、2019年からは中国に追い抜かれ第3位となった。ちなみに、通常予算は国連の活動に必要な経費全体の1割程度といわれ、多くは人件費や会議費等の運営経費に充てられる。加盟国の一部による分担金滞納に加えて、ウクライナ侵攻後のエネルギー価格の高騰も重なって、財政が相当ひっ迫しているといわれる。エスカレーターや照明の使用制限、冷暖房の設定温度規制、建物の開館期間の短縮など、経費削減のための涙ぐましい努力が行われているようである。

➡️ 16　ただし、国連PKOについては特別予算という形で割り当てが決められ事実上義務化されている。当初、PKOは憲章に規定されていないため違法な活動であり、したがってPKOにかかる費用を支払う義務はないと主張する国もみられた。「ある種の経費事件」（1962年）において、ICJはPKOに要する経費は国連の経

他方で、国連総会は慣習国際法の法典化条約（条約法条約など）や国際人権規約をはじめとする人権諸条約などのように、法的拘束力のある条約を起草し採択することで重要な役割を果たしている。他の国際組織もまた同様である（ユネスコにおける文化多様性条約や世界保健機関（WHO）におけるたばこ規制枠組み条約など）（⇒うらみ❺-2）。

(4)　**規範監視機能**　国際組織は規範の設定にとどまらず、規範の遵守・履行状況の監視においても重要な役割を果たしている。国際組織の場で設定・形成される多数国間の共通利益や国際社会の公益を実現するにあたっては、伝統的国際法において機能してきた**相互主義**が働きにくい。たとえば、基本的人権の尊重は国際社会の公益とされるが、人権を保護するために相手国の人権侵害に対抗する手段として自国でも人権侵害を行うというのは本末転倒である。そうした利益の保護・促進のために、各国の義務遵守や履行確保を監視するための手続や制度が整えられてきた（国際組織による国際コントロールと呼ばれる）。ILOにおける労働問題をはじめとして、人権、環境、軍縮・軍備管理、貿易、組織犯罪の規制、南極の管理など多様な領域で様々な履行確保の手段が設けられている。代表例は国家報告制度であるが、その他にも国家通報制度、個人通報制度、調査制度など多様である（⇒本書⓫3）。基本は、履行を監視する機関が設置され、その機関が、基準となる条約の解釈・適用を通じて履行されているかどうかの判断を行う。その判断は一般的に法的拘束力を伴うものではなく、したがって強制や制裁とは異なる比較的緩やかな制度ではあるが、説得や圧力による事実上の方向づけが行われる。このような制度が機能するためには、国々が国際社会における評価や自国の世論に敏感である必要がある。つまり独裁国家などに対しては機能しづらいという限界もある。また、国際組織と国家のやりとりにNGOなどの市民社会組織が参画することで、国内の世論を喚起することも重要となる。

(5)　**オペレーショナルな機能**　現業活動などともいわれる、国際組織が自らの資金や技術、人を使って行う活動をさす。代表例として、平和維持活動（PKO）や人道援助、開発援助が挙げられる。これらの活動には大規模な予算を必要とする。国際組織の財政は、大きく分けて**義務的分担金**➡️15と自発的拠出金の2つで成り立っている。前者は字義通り加盟国による支払いが義務づけられるが、後者はそうではない。そのうえ、オペレーショナルな機能はほとんどが自発的拠出金によって賄われている。そのため、これらの活動は拠出国（ドナー国）の意向に左右されやすいという脆弱性もある。➡️16

3　国際組織の法的な課題

(1)　**国際組織と加盟国の権限関係**　結局のところ、国際組織と加盟国の権限関係をどのように構想するかが問題となる。安保理のように集権的な権限を与えて統一的な指針を示し強力にその実施を進める方法もある（⇒本書❻）。実際には多くの国際組織においてそうした方法はとられていないし、強力な権限を与えればうまくいくとは限らない。加盟国に大きな裁量を残しつつ、国際組織には基本的な目標や実施の大枠を定める権限のみを付与する形で国際社会の共通利益を確保すべく取り組んでいるのが実態である。一般的には補完性原則（意思決定はより身近なところで行うべしという考え方）が多➡️17くの組織に当てはまっているといえよう。

32　第Ⅱ部　国家・国際組織と国際法

（2）　国際組織の国際責任とアカウンタビリティ　1990年代以降、国際組織の活動範囲や権限の拡大傾向がみられる。特に活動が直接個人に対する影響が大きくなっている。たとえば、安保理による経済制裁によって人権侵害が引き起こされる事例、世界銀行の開発援助を通じて先住民族などの人々の生活が脅かされる事例、PKO要員による性暴力や人身取引事例、国連パレスチナ難民救済事業機関（UNRWA）職員のハマス関与問題など様々な問題が生じている。こうした問題へのアプローチの1つとして、**国際組織の国際責任**が議論されている。国際法人格をもつ以上、国際組織が損害賠償を請求されることに異論はないが、違法行為の判断基準となる国際法（一次規則）の不明確さや、被害者が請求を行うための制度が不十分、組織と加盟国の責任配分をどうするかなど、法的に未解決の課題も多い。それらを補うために、より緩やかな概念として**アカウンタビリティ**の確保についても議論されているが、発展途上の段階にある。

（3）　「法の支配」に基づく国際秩序に向けて　国際社会全体として取り組むべき課題は山積しており、国際組織をどのように活かしていくか考えていかなくてはならない。国際組織は、基本的には多国間的な制度であり、構成員すべてが民主的で人権を尊重する国家であるというわけではない。そうであるがゆえに、人権や民主主義、法の支配といった目的の実現が阻害される側面もある。そのような課題を克服するために多国間主義（multilateralismの訳語）から、人間を中心に据えつつ、国家だけでなく問題への対処に関与する様々な非国家主体を取り込んだマルティラテラリズムへの転換といった考え方が提示されたり、熟議の場としての国際組織を強調する立場、グローバル立憲主義といった考え方など多くの議論が行われている。以上のようにみてくると、21世紀の国際法というものを考えていくとき、国際組織という視点からアプローチすることは興味深いだけでなく不可欠なことでもある。

費に該当するとする勧告的意見を出した。しかし、支払い拒否は続いた。その後、PKOについては通常予算とは切り離される形で特別予算が組まれるようになった。

➡17　この点、国連憲章2条7項が国連と加盟国の権限関係を考えるうえで重要な規定である。「7　この憲章のいかなる規定も、本質上いずれかの国の国内管轄権内にある事項に干渉する権限を国際連合に与えるものではなく、また、その事項をこの憲章に基く解決に付託することを加盟国に要求するものでもない。但し、この原則は、第7章に基く強制措置の適用を妨げるものではない。」

➡18　事例：カディ事件
安保理は、テロリストやその支援者に対してそれらの資産を凍結する強制措置をとるようになっている。カディ氏は強制措置の対象とされたが、本人は全く心当たりがないことを主張してEUの裁判所に措置の無効を求めて裁判を起こした。2008年にEUの裁判所は、カディ氏の人権（聴聞権や実効的な司法救済を受ける権利など）が侵害されていると認定し、安保理決議を履行するためにとられたEUの行為を無効にする判断を下した。このような判決を経て、安保理の側でも、対象となる個人が直接訴えることのできるオンブズパーソン制度を設けるなどして対応してきている。

コラム❺-2　世界保健機関の規則制定とパンデミック条約作成

　WHOには、疾病、診断、薬剤等に関する保健規則の制定権限が付与されている。WHO総会によって単純過半数で採択されると、一定期間後に効力が生じる。保健規則の内容に反対の国は、当該期間内に事務局長に拒絶又は留保を通告することを義務づけられている（WHO憲章21条、22条）。これは適用除外の制度と呼ばれ、WHOに準立法的権限を付与するものと説明される。保健規則を受け入れる国にとっては、条約とほぼ同じような位置づけとなる。反対国にとっても、拒絶や留保の通告は加盟国に一定の説明責任を求めることになり一定の圧力となる。

　2020年から猛威を振るった新型コロナウィルス感染症（COVID19）に対しては、2003年のSARS（重症急性呼吸器症候群）の流行等の経験を踏まえて2005年に改正された国際保健規則が適用され、「国際的に懸念される公衆衛生上の緊急事態」が宣言された。また国際保健規則は、地域・国家レベルの「コアキャパシティ」（緊急事態発生時への対応に関して国や地域が整備しておくべき基本的能力の強化）を求めているが、COVID19に関しては、途上国だけでなく先進国でも課題が露呈した。そのことを踏まえて、2024年6月にはWHOを強化すべく規則改正が行われ、従来の緊急事態宣言に加えて「パンデミック緊急事態」の規定を設けることとなった。

　併せてパンデミックの予防、備えおよび対応（PPR）に関する条約の作成も決定されたが、途上国の支援策とりわけワクチンの分配などをめぐって対立が生じており、2024年8月現在、交渉は難航している（2025年年次総会で採択する可能性もあるとされる）。この場合、規則と条約の関係は必ずしも明確ではないが、近い将来に再び大規模な感染症が発生することが想定されるなかで、相互補完的に対応できる実効的なルールの形成が期待されている。

EUは、「超国家」なのか？

設例 EU構成国Aは、EU機関である理事会においてある立法提案に対して反対票を投じたが、その措置が採択されることになった。A国は、その措置が国内憲法に反すると考え、その措置に従わないでいると、欧州委員会からEU司法裁判所に提訴され、最終的に罰金を科せられることになった。「合意は拘束する（pacta sunt servanda）」の原則は適用されないのか。

2024年6月に欧州議会選挙が実施された。欧州議会は、直接普通選挙で選ばれた議員で構成される。欧州議会議員は議会では必ずしも国ごとで固まって座っていない。これはいったいどういうことを意味するのか。

1 EU法は国際法なのか？

EUは、もともと欧州石炭鉄鋼共同体（ECSC）→1から始まった。ECSCは、ECSCを設立する条約をフランス、西ドイツ→2、イタリア、ベルギー、オランダおよびルクセンブルクの6カ国が締結したことで1952年に創設された。ECSC条約は、国際条約である。その後、1958年に欧州経済共同体（EEC）→3を設立する条約と欧州原子力共同体（Euratom）→4を設立する条約が発効して、EECとEuratomが創設された。ECSC条約は、有効期間が50年と規定されていたために、ECSCは消滅した。欧州連合条約（マーストリヒト条約）が締結され、1993年にEUが創設された。このときに、EECは、経済統合だけではなく、幅広い分野での統合を目指すということで、欧州共同体（EC）になった。2009年12月にリスボン条約により、EU条約とEC条約が改正されて、EU条約とEU運営条約→5となった（合わせてEU基本条約→6）。これらは、すべて国際条約（国際条約集にも収録されている⇒本書❷1）であり、EU法は国際法ということができる。

しかし、EU法は国内法でもある。EUには、独自の機関がある。よくニュースに登場する欧州委員会の他に、欧州議会、EU理事会、欧州首脳理事会→7、EU司法裁判所等も存在する。これらの機関は構成が異なり、それぞれ異なる権限と任務が与えられている。EU機関は、法的拘束力のある措置（法行為）を採択することができる。その措置には、規則（regulation）（一般的適用性があり、すべての部分が拘束力をもち、すべての構成国において直接適用可能である）（たとえば、個人データ保護規則（GDPR））、指令（directive）（措置の結果のみが拘束力をもち、その結果を達成する手段と方法は構成国の裁量に任されている）、決定（decision）（一般的な性質をもつ、または、名宛人がある措置（とりわけGoogleなど大企業に対し競争法違反を認定し、課徴金を課す決定））、法的拘束力のない、勧告および意見がある（EU運営条約288条）。規則は、直接適用可能であるため、採択され、発効すれば、構成国における批准等の必要性はなく、

→1 **欧州石炭鉄鋼共同体**
1950年5月9日のシューマン宣言の中で、武器弾薬の原料である石炭鉄鋼を最高機関の下で共同管理すること（戦争を事実上不可能にすること）が提案された。これを基礎に欧州石炭鉄鋼共同体を設立する条約が1951年にパリで調印された。なお、ECSCは、ECSC条約50条が発効より50年有効であると規定していたため、2002年7月23日に失効した。ECSCは、平和共同体とも捉えられる。

→2 **西ドイツ**
第二次世界大戦後、冷戦が始まり、ドイツは西ドイツと東ドイツに分断されることになった。西側陣営である西ドイツのみがECSCに加入した。1990年10月3日にドイツ統一がなされ、旧東ドイツの領域にもEU法が適用されることになった。

→3 **欧州経済共同体**
欧州経済共同体（European Economic Community）を設立する条約は、1957年にイタリアのローマで調印されたため、ローマ条約とも呼ばれる。欧州経済共同体は、経済統合、とりわけ関税同盟の設立、ひいては共同市場（Common Market）の設立を目指して設立された。

→4 **欧州原子力共同体**
欧州原子力共同体は、欧州経済共同体と同時に設立された。原子力発電所を有するか否かにかかわらず、EUの構成国は、Euratomの構成国になる。労働者や公衆の健康を保護する統一的な安全性基準を設定する。判例法により、Euratomは、公衆の健康保護のみならず、原子力技術の施設の建設や操業にかかわる原子力の安全分野でも権限をもつと解されるようになった。Euratomは、法人格をもち、現在も存在している。

→5 **EC条約からEU運営条約へ名称変更**
リスボン条約により、ECが消滅したため、条約の名称が変更された。これまで、ECが締結してい

そのままで国内法として適用される。もっともEU司法裁判所は、EU法は独自の法秩序であるとしている。EU法は、国際法的な要素もあり、国内法的な要素も含んでいる、独自の法秩序と捉えることができる。

2　EUとは何だろう？

EUは、国際組織（⇒本書❺1）だろうか、それとも連邦国家だろうか。EUには、現在、27カ国が加入している。EUの構成国である、フランス、ドイツ等は、依然として、国家として存在している。しかし、EUは連邦的な制度を基礎としており、構成国を「州」として捉えると理解しやすい場面もある。EUでは、立法機関である、欧州議会とEU理事会（構成国の代表から構成される）が、上下関係のない二院制のように機能している。1950年5月9日に出されたフランス外相のシューマン宣言では、石炭鉄鋼の共同管理を第一歩として、欧州連邦を目指すことが述べられていた。また、EU条約によると、「一層緊密化する連合」が目指されている。欧州社会、欧州人民、欧州憲法等が議論されている。EUは、連邦国家ではないが、連邦的な制度を基礎とした、地域国際組織である。さらにいうと、通常の国際組織とは異なる点がある。それはEU構成国が主権の一部である権限をEUに委譲している点である。このことがEUを**超国家組織**[8]（supranational organization）にしている。

3　反対しても拘束される？

超国家としての特徴として、合意していないにもかかわらず、その内容に拘束されるということが挙げられる。

国家間の取決めである国際条約では、同意する限りにおいてその内容を遵守するように義務づけられる。すなわち、「合意は拘束する（*pacta sunt servanda*）」の原則が通常は適用される。しかし、EUにおいては、構成国の代表から構成される理事会の決定は、原則特定多数決（構成国の55％以上でか

ていた国際条約は、EUが承継している。

➡6　EU基本条約
EU条約、EU運営条約、これにEU基本権憲章があわさって、EUの「憲法」を構成している。これらの3つの文書に上下関係はなく、同一の法的価値を有している。

➡7　欧州首脳理事会
欧州首脳理事会（European Council）は、主に各国の閣僚から構成されるEU理事会とは異なり、国家元首または政府の長（首相または大統領）、常任の欧州首脳理事会議長および欧州委員会委員長で構成される。EU理事会とは異なり、立法機関ではない。危機対応を議論したり、今後のEUの進むべき方向性等の指針を与えたりする機関である。

➡8　超国家組織
超国家組織の主な特徴は、①独自の機関（欧州議会、欧州委員会、理事会、EU司法裁判所等）が存在すること、②特定多数決で決定されたとしても、それに構成国が拘束されること、③履行確保する手段が存在すること、④EU基本条約やEU措置により個人に権利や義務が与えられていることである。

コラム❻-1　日本とEU間の関係

日本とEUは、経済連携協定（EPA）と戦略的パートナーシップ協定（SPA）を結んでいる。EPAは、2019年2月1日に発効し、SPAは同日より暫定的な適用がされている。両者は、法的拘束力のある文書となっている。EPAは、関税の撤廃・削減という伝統的な自由貿易協定ではなく、貿易と持続可能な開発章（16章）を含む、新世代の協定として位置づけられている。SPAでは、日本とEUが民主主義、法の支配、人権および基本的自由という価値および原則を共有していることが確認されたうえで、安全保障を含む、幅広い分野での協力が規定されている。日本とEUは、志を同じくするパートナー（like-minded partner）として位置づけられている。日本とEUは、定期首脳会談を日本とヨーロッパにおいて交互に開催している。2021年5月に開催された首脳会談において、グリーン・アライアンス（green alliance）が設立され、環境やエネルギーの分野で協力していくことが合意されている。

1974年に欧州連合（EU）の前身である「欧州共同体（EC）委員会」が代表部を東京に開設してから、2025年で50周年となる。駐日EU代表部（the Delegation of the European Union to Japan）は、日本においてEUを代表する外交使節団の地位を全面的に享受しており、そのトップは駐日EU大使である。リスボン条約によって、共通外交安全保障上級代表（欧州委員会の副委員長を兼職）の役職、および上級代表を支える、欧州対外行動庁（EEAS）が設立された（EU条約18条、27条参照）。駐日EU代表部は、その組織の一部と位置づけられる。現在は、広尾に置かれている。駐日EU代表部の公式ウェブマガジン、EU MAGにおいてEUのことがわかりやすく解説されている。

➡9 EU法秩序

EU法秩序は、第1次法としてEU基本条約（EU条約とEU運営条約）とEU基本権憲章、EUが締結した国際条約、第2次法（派生法）として、EU条約またはEU運営条約の条文を法的根拠条文として採択されたEU措置（規則、指令、決定等）、第3次法として、第2次法を基礎として採択されたEU措置（委任規則、実施規則等）から構成される。その他、欧州人権条約により保障される基本権や構成国に共通する憲法的な伝統から生じる基本権はEUの法の一般原則となり、第1次法に準じるものになっている。また、慣習国際法はEUの法源となっており、EU司法裁判所は慣習国際法を法典化したウィーン条約法条約を参照することがある。EU司法裁判所の判決には先例拘束性はないが、確立した判例法も重要なEU法の法源となっている。

➡10 罰金

罰金が導入されたのは、1993年発効のマーストリヒト条約によるEEC条約の改正の際であった。それまでは、欧州司法裁判所が構成国のEU法違反を認定する判決をだしても確問判決にとどまり、効果的に違反状況を是正できなかった。この制度は抑止力をもっている。罰金には、一回限りの支払いを求める一括違約金と違反が解消されるまで罰金額を加算されていく強制金がある。両方の罰金を科すことも可能になっている。

➡11 欧州議会

欧州議会は、もともとは総会という名称であり、単なる諮問機関にすぎなかったが、1979年に直接普通選挙が導入されてから、民主的正統性をもつ機関として、権限を拡大してきた。

➡12 政治的グループ

欧州議会には、8つの政治的グループと無所属が存在する。2024年6月の選挙では、720人の議員が選出された。8つの政治的グループは、以下の通りである。①欧州人民党（EPP・188議席）、②欧州社会民主進歩同盟（S&D・136議席）、③欧州の愛国者（Patriots・84議席）、④欧州保守改革（ECR・78議席）、⑤欧州刷新（RE・77議席）、⑥緑の党・欧州自由連盟（Greens/EFA・53議席）、⑦欧州統一左派連合／北方緑の左派（The Left・46議席）、⑧右派の主権国家の欧州（ESN・25議席）。

つEUの総人口の65%以上）で決められることになっている。その結果、あるEU措置に対して、理事会において反対票を投じたとしても特定多数決により可決され、発効すれば、それに従わなければならない。

ある構成国が反対票を投じたが、その措置が同国の憲法に違反すると考えた場合は、事情が異なるだろうか。**EU法秩序**[9]においては、EU法が国内法（憲法も含めて）に優位するという、判例法（Costa v E.N.E.L. (Case 6/64) 事件）が確立されており、国内（憲）法を理由に義務の履行を怠ることはできない。当該EU措置が採択され、発効したのにもかかわらず、A国はそのEU措置から生じる義務を遵守しなかった場合、EU法違反の状況が生じる。

EUの主要な機関である欧州委員会は、独立性を有する機関であり、EUの目的を追求するために行動する。EU法の擁護者でもある、欧州委員会は、構成国に対して、条約違反手続を開始することができる。ある構成国がこのEU法違反の状況を解消しない場合、欧州委員会はEU司法裁判所に同国を相手に提訴することができる。EU司法裁判所は、当該国がEU法に基づく義務履行を怠っていることを認定する判決を下すことになる。さらに、違反が続いている場合、欧州委員会は判決履行違反手続を開始し、同国に**罰金**[10]を科すことをEU司法裁判所に要請することができ、裁判所は罰金を科す判決を下すことができる。この意味で、通常の国際法と異なり、EU法においては履行確保の可能性が非常に高くなっている。

4　欧州議会では国ごとには座らない？

EUの主要機関として、EU措置の採択にかかわる機関として、上述した欧州委員会の他に、**欧州議会**[11]およびEU理事会が挙げられる。欧州委員会は、EU法の推進者として、EUの措置の採択に当たっては、措置の提案を行う役目を担っている。その提案を受けて、立法機関である、欧州議会とEU理事会がそれぞれ審議し、場合によっては修正を加えたうえで決定を行う。両機関が合意してはじめて措置は採択されることになる。

欧州議会は、EU市民の代表から構成される。議員数は、議長1名を含め751名を超えないものとされている。欧州議会議員は直接普通選挙で選出され、任期は5年である。議席数は、人口を加味した方式で国ごとに決められ、その際、最大で96人、最低議員数は6人となっている。人口の最も多いドイツには96議席が配分され、人口の少ない、キプロス、ルクセンブルクおよびマルタには6議席が配分されている。EUレベルでの統一的な選挙制度はまだ設定されておらず、各国の選挙法に従う。たとえば、ドイツでは96人が選出されるが、この際、有権者は、ドイツの政党である、キリスト教民主同盟（CDU）、社会民主党（SPD）、緑の党（die Grüne）、自由党（FDP）等に対して投票する。選出された議員は、欧州議会では、**政治的グループ**[12]（political group）のいずれかまたは無所属に所属することになる。政治的グループは国を超え、政治的信条を同じくする者で形成されており、この意味で、欧州議会は超国家的な機関となっている。

5　EUは条約を締結できるのか？

国際条約を締結するには、国際法人格（⇒本書❺1）と条約を締結する権限が必要である。EUは、国際法人格を有し、また、条約締結する権限を

EU基本条約により付与されている。EUは、権限付与の原則[13]に基づいている。すなわち、EUは権限が付与されている範囲においてのみ行動することができる。よって、EUはあらゆる分野において条約を締結できるわけではなく、権限が付与されている分野においてのみ条約を締結することができる。もっとも、EU司法裁判所の判例により、明示的に権限が付与されている場合だけではなく、黙示的に権限が付与されていると考えられる場合もある。EUは通商政策の分野で（排他的）権限が付与されており、世界貿易機関（WTO）協定を締結したり、日本と経済連携協定（EPA）を締結したりしている。また、環境分野においては（共有）権限を付与されており、気候変動にかかわるパリ協定や生物多様性条約においても締結者となっている（⇒本書❿2）。日本とEU間のEPAでは、EUが単独でEPAを締結したが、パリ協定の場合は、EUのみならず、EU構成国も条約の締結者となっている。後者の場合は、混合協定[14]と呼ばれる。とくにEUが締結する条約の規定事項のすべてに対して権限を有していない場合は、このような形態がとられる。

　EUが国際的な会議や日本と交渉する際は、欧州委員会の代表が交渉に当たる。その後、欧州議会の同意を得た後、EU理事会が決定することで、EUにおける批准手続が完了する。

　EUは権限を付与されていたとしても、国際条約の方で、加入者を国家に限定している条約では、EUが条約の当事者となれない場合もある。例えば、船舶による海洋汚染と大気汚染の防止に責任をもつ、国連連合の専門機関である国際海事機関（IMO）は、国家にのみ開かれており、EUは当事者になることができない。EUは、国際海洋裁判所に事件を付託することができるが、国際司法裁判所には提訴することができない（⇒本書❸3）。国際司法裁判所は、国家にのみ裁判付託を限定しているからである。

6　EU法の解釈の統一はどのようになされているのか？

　EU機関として、ルクセンブルクにEU司法裁判所が存在する。EU司法裁

▶13　権限付与の原則
権限付与の原則（principle of conferral）は、権限にかかわる三原則の1つである（EU条約5条）。権限にかかわる原則は、権限付与の原則の他に、補完性原則と比例性原則が存在する。補完性原則に従い、EUはその排他的権限に属さない分野では、構成国のレベルで十分に達成することができず、提案される行動の規模や効果のためにEUレベルでより良く達成されうる場合に限り、EUはその権限を行使することができる。また、比例性原則に従い、EUは、権限を行使する場合、目的を達成するために必要な範囲の措置をとらなければならない。

▶14　混合協定
混合協定（mixed agreement）とは、EUと一緒にEU構成国が条約当事者となる国際協定のことを意味する。全構成国が締約国になる場合もあれば、一部の構成国のみが締約国になる場合もある。協定の規定事項に対して構成国が権限を有している場合に、混合協定の形で締結されることが多い。

コラム❻-2　EU法の優位の原則とEU法秩序のヒエラルキー

　連邦国家であるドイツの基本法（憲法）には、連邦法が州法に優位するという条文がおかれている（31条）。他方、EU法の優位の原則は、EU基本条約に明示的に規定されているわけではないが、1964年のCosta v E.N.E.L.事件において、欧州司法裁判所はEU法（当時共同体法）がイタリア法に優位することを明らかにした。その後、Internationale Handelsgesellschaft事件において、EU法は、国内法が国内憲法や憲法原理であったとしても、優位すると判示した。EU法の優位の原則は、EU法が機能していくうえで不可欠な原則となっている。もっとも、同原則は、EU構成国にすんなり受け入れられたわけではなく、各国の裁判所でそれが認められるまで時間がかかった。

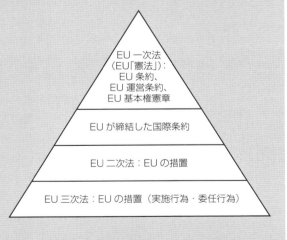

判所の中には、司法裁判所と一般裁判所の2つの裁判所がある。主に自然人（個人）や法人（会社）がEU措置の取消しを求める場合には、一般裁判所に提訴することになる。他方、司法裁判所は、一般裁判所の判決に不服である当事者が上訴を行う裁判所でもある。また、司法裁判所の最も重要な役割として、EU法の統一的解釈を確保するということが挙げられる。EU法は、全EU構成国において同じように解釈され、適用されなければならない。EU法の統一的解釈の確保のために、**先決裁定手続制度**が設定されている。この制度は、各国の裁判所がそれぞれ「EU」裁判所として機能することを可能にする。たとえば、ある国の裁判所に係属している事件において、EUの採択した措置が問題となっているときに、国内裁判官がその条文の解釈に疑問をもった場合、司法裁判所に先決付託をすることができる（最終審の国内裁判所またはEU措置の有効性が問題となっている場合は先決付託をすることが義務づけられている）。先決付託を受け、司法裁判所は、当該条文についてどのように解釈したらよいのか回答（先決裁定）を示す。この回答を踏まえて、国内裁判所は最終的な判決を下すことになる。

　司法裁判所の役割としては、上述した、条約違反手続・判決履行違反手続、取消訴訟の他に、EUが締結しようとしている国際条約がEU法と合致するのか否かの判断を示す裁判所意見をだすというのもある。

7　EUにはどのような国が加盟できるのか？

　ECSCが創設されたときは6カ国の加盟国であったが、現在は27カ国となっている。1973年にイギリス、アイルランドおよびデンマークが加入し、その後、1981年にギリシャ、1985年にスペインおよびポルトガルが加入して、12カ国になった。東西の冷戦が終了した後、東ヨーロッパ諸国とEUはヨーロッパ協定という連合協定を締結した。その協定にはEUへの加入が書き込まれていたことから、EU加入に向けて、交渉が開始された。約10年の交渉期間を経て、2004年にチェコ、ポーランド、ハンガリー等、東ヨーロッパ諸国を中心に10カ国がEUに加入した。さらに、2007年にブルガリアとルーマニアがEUに加入した。2013年にはクロアチアがEUに加入した。現在、正式なEU加盟候補国として、アルバニア、ボスニア・ヘルツェゴヴィナ、ジョージア、モルドバ、モンテネグロ、北マケドニア、セルビア、トルコおよび**ウクライナ**が位置づけられている。他方、コソボは加盟申請したものの、潜在的加盟候補国として位置づけられており、正式な加盟候補国としては認められていない。

　加盟を申請したら、無条件で加盟国となれるわけではない。加入条件というのがある。大前提として、欧州の国家でなければならない。トルコは領土がヨーロッパとアジアの双方にまたがっているが、欧州の国家という条件は満たすとされている。この意味ではEUは、地域国際組織と呼べるだろう。

　EUの加入条件としてコペンハーゲン基準というのがある。①政治的条件、②EUの既得事項（アキ（acquis））の受諾、③経済的条件である。①の政治的条件とは、EU条約2条に定められているEUの諸価値を共有し、尊重していることである。EUの諸価値とは、人間の尊厳、自由、民主主義、平等および法の支配の尊重、少数者に属する人々の権利を含む人権の尊重である。②のEUの既得事項は、これまでEUが積み上げてきたEU法の集大

➡ 15　**先決裁定手続制度**
先決裁定手続制度はEU運営条約267条に定められている。EU司法裁判所の2020年の司法統計によると、その付託された事件のうち、約75％が先決裁定にかかわるものとなっている。この制度により、国内裁判所が、「EU」裁判所として機能できるようになっている。EU司法裁判所と国内裁判所をつなぐ、重要な制度であり、EU法の統一的解釈に寄与する。

➡ 16　**ウクライナ**
ウクライナはロシアによる侵攻後、EUへの加盟を正式に表明し、EU側もその要請を受け入れた。EU構成国が、他国から攻撃された場合、他のEU構成国は同国に対し援助や支援の義務を負うことになっている（EU条約42条7項）。

➡ 17　**経済通貨同盟**
経済通貨同盟（Economic Monetary Union）は、域内市場（人、物、サービスおよび資本に自由移動が確立される国境のない領域）をより実質的に確保するために導入された。欧州中央銀行（ECB）が、金融政策分野の権限を有し、単一通貨ユーロの発行量を決めている。経済通貨同盟に加入するために、一定の条件（物価の安定、インフレ率、金利、財政赤字、為替レートに関する条件）を満たさなければならない。

➡ 18　**脱退**
いったん脱退の意思を欧州首脳理事会に通知した後も、EU構成国はそれを撤回する権利を有する。これは、条文にはないが、判決で明確にされた。

➡ 19　**事情変更の原則**
慣習国際法を法典化したウィーン条約法条約62条は、事情の根本的な変化がある場合には、条約からの脱退を認めている。EU条約は、国際条約でもあるため、この原則が適用されると考えられた。

➡ 20　**シェンゲン圏**
シェンゲン協定がEUの枠外で締結された。これにより、国境コントロールが廃止され、移動するのにパスポートが不要となった。アムステルダム条約によりシェンゲ

成を意味する。具体的には、これまで採択し、発効しているEU措置、EUが締結している条約、EU司法裁判所の判例法等が含まれる。既存のEU構成国と新しく加入する国の間で同一のEU法が適用されるよう確保するためである。この際に、国際条約の締結の際にみられる留保は許容されない。許容されるのは、過渡的期間のみとなる。たとえば、**経済通貨同盟**について、イギリスは適用除外（オプトアウト）を認められていたが、新規加盟国はそのようなオプトアウトは認められず、一定の条件がそろえば、経済通貨同盟に加わる義務がある。③の経済的条件とは、ドイツやフランス等の西ヨーロッパ諸国の経済状況に到達することを求めるものではないが、ある程度の経済的な発展は域内市場が円滑に機能するための前提として要求される。さらに、加入するためには、EU条約49条の加入手続に従わなければならない。理事会における全会一致が必要となり、さらに各構成国において憲法上の規定に従った加入条約の批准が必要となっている。

8　EUからは脱退できる？

EU条約およびEU運営条約は無期限であるという規定が含まれている。2009年12月1日に発効したリスボン条約により、EU条約が改正され、脱退条項が挿入された（EU条約50条）。それまでは、**脱退**できるのか否かという議論があったが、国際法的には**事情変更の原則**が適用されて、脱退は可能であろうと考えることができた。EU条約50条は、構成国の脱退の権利を規定すると同時に脱退の手続を規定している。イギリスは、2016年6月に実施された国民投票の結果を受け、離脱の意思を欧州首脳理事会に通知し、離脱手続が開始された。複雑な交渉を経て、離脱協定が締結され、2020年1月31日午後11時（イギリス時間）にイギリスがEUから脱退した。再度、イギリスがEUに加入する場合は、上述した加入条件と加入手続が適用されることになる。それゆえ、以前認められていたオプトアウトは認められなくなり、経済通貨同盟や**シェンゲン圏**にも入ることが義務づけられる。

ン協定がEUの枠組に取り込まれた。シェンゲン圏では、国境コントロールが原則廃止されている。もっとも、コロナ禍では、国境コントロールが一時的に再導入された。2025年1月よりブルガリアとルーマニアもシェンゲン圏に完全に入ることになった。EU構成国でシェンゲン圏に入っていないのは、アイルランドとキプロスである。他方、非EU構成国でシェンゲン圏に入っているのは、スイス、ノルウェー、アイスランド、リヒテンシュタインの4か国である。

●21　共通外交安全保障政策
EUの政策の中で、共通外交安全保障政策は、超国家的枠組みの外に置かれている。それゆえ、欧州議会や欧州委員会の権限が限定されており、逆に構成国代表からなるEU理事会や欧州首脳理事会に権限が付与されている。また、意思決定は、全会一致が原則であり、共通外交安全保障政策でとられた措置に関して、EU司法裁判所は原則裁判管轄権をもっていない。ロシアとウクライナ間の紛争やイスラエルとハマス間の紛争等が勃発するなかで、EUがどこまで実効性のある措置をとれるのかが今後の課題となっていくだろう。

●22　共通外交安全保障上級代表
共通外交安全保障政策分野に関する事項において、EUを代表する。上級代表は、欧州委員会の一員でもあり、欧州委員会においては副委員長の役割を果たしている。外務理事会においては、議長の役目を担う。

コラム⑥-3　国連安全保障理事会におけるEUの立場

国際連合は、国家にのみ当事国となることを認めているために、EUは、国際連合に加盟していない。しかし、EU構成国が国際連合に加盟しており、フランスは安全保障理事会の常任理事国となっている。場合により、他の構成国が非常任理事国に選出されることもある。欧州首脳理事会は、EUの諸価値と原則に基づいて、EUの戦略的利益を定め、共通外交安全保障政策の目的および一般的指針を決定する。同政策に関連する事項では、外務大臣に似た役割をする、共通外交安全保障上級代表がEUを代表し、第三者との政治的対話を行い、国際組織および国際会議においてEUの立場を表明する。また、構成国は、国際組織および国際会議における行動を調整し、これらの場においてEUの立場を堅持しなければならない。すべての構成国が参加していない国際組織および国際会議おいては、参加する構成国はEUの立場を堅持しなければならない。とりわけ、安全保障理事会の理事国である構成国は、協調して、他の構成国および上級代表に十分に情報を提供し、その任務の遂行に当たっては、EUの立場と利益を擁護しなければならない。それゆえ、フランスはフランスの独自の立場というよりも事前に調整されたEUの立場を述べることになる。

12個の星。12は完全を表す。

第III部
領域・空間と国際法

国の主権はどこまで及ぶのか？

> **設例** 2022年2月に開始したウクライナへの軍事侵攻に先立って、ロシアは2014年にウクライナの一部であったクリミア（半島）を自国領土へ編入していた。当時も、多くの国家や国際組織がロシアの行為を非難した。国際法の観点からは、このロシアの行為をどのように評価すべきだろうか。

1 国家領域とは？

国家の成立要件の1つである領域は、領土、領水、領空から成る。領水は、さらに内水と領海に分かれる。領土と領海（領水）の上空が領空である。領空の上は宇宙空間となり、宇宙法が適用される。領空と宇宙空間との境目については、大気圏や人工衛星の軌道とする説等があり、定まっていない。

2 領域に関する国家の権利（主権）と義務

> **■展開例1** ロシアが開始したウクライナへの軍事侵攻の結果、2022年9月にウクライナ東部4州もロシアが一方的に編入を宣言した。これにも多くの国家や国際組織から非難が寄せられた。ロシアは、国際法上どのような原則に違反しただろうか。

国家は自らの領域に主権を及ぼす。このように、国家は領域に対して管轄権を行使できる一方（⇒本書❹1）、その表裏として、領域に関する義務も負う。ここでは、その権利義務についてみてみよう。

(1) **領域主権** 領域主権には包括性と排他性の2つの側面がある。包括性とは、国家が領域内のすべての人や物を支配することである。排他性とは、国家が、他国の主権的権能の行使を排除できることである。

(2) **領土保全原則** 国家は主権によって領土を排他的に支配できるため、国家は、互いに他国の領土を尊重し、犯してはならない義務を負う。それゆえ、ある国が他国の領土に無断で侵犯するのは違法となる。特に、国連憲章2条4項は、いかなる国の領土保全に対する武力の威嚇または武力の行使も禁止している。

(3) **領域使用の管理責任** 領域主権によって国家が排他的に領域を統治する裏返しとして、国家は自国領域内において他国やその国民の権利を保護する義務を課される。さらに、国家は、他国に損害を与えるような形で領域を自国民に使わせてはならないという義務も負う。これは、1941年のトレイル熔鉱所事件判決（⇒本書❿1）で示され、領域使用の管理責任という。

現在は、特に環境法の分野において、他国だけではなく、公海等、国家の領域以外の国際公域にも損害を与えないよう、国家は領域を管理する責任を負う義務が強調されている（環境と開発に関するリオ宣言第2原則）。

⇒1 トレイル熔鉱所事件（⇒本書❿）
カナダの領域内の民間の工場（溶鉱所）から排出された亜硫酸ガスが、アメリカ領域内に到達して森林や農作物に被害を与え、損害の賠償や工場の損害発生防止に関する義務について両国間で争いが生じ、仲裁裁判で解決が図られた。

42　第Ⅲ部　領域・空間と国際法

3　国家による領域の取得

　国家がどのように領域を取得するかについて、伝統的には次に挙げる事実が認められてきた（「領域権原」という）。ただし、領域の取得とはいっても、領海は領土と切り離して独自に処分することができず、領空とは、領土と領海（領水）の上の空間であるので、実際には、国家に領土の取得が認められる事実を見ていくことになる。

　なお、以下の領域権原を原始取得と承継取得に区別する考え方があるが、どれをどちらに分類するかで争いがある。何より、区別によって要件や効果に影響が出るわけではない。よって、合意による領土の移転から順に学ぼう。

　(1)　割譲　　割譲とは、国家が条約等による合意を結んで、自国の領土の一部を他国に移す場合である。アメリカがロシアからアラスカを購入して、自国の領土とした場合が例として挙げられる。かつては、戦争後の平和条約による領土の移転も割譲とされた。しかし、現在は武力の行使の結果として結ばれた条約は無効となる（条約法条約52条）点に注意が必要である。

　(2)　併合　　割譲が国家の領土の一部を他国に移すのに対し、併合は、ある国家の領域すべてを他国に移転する場合である。これも、国家間の合意で行われる。たとえば、日韓併合条約によって韓国が日本に併合された。

　(3)　征服　　国家間の合意ではなく、ある国が武力を使って他国の領土を取得することを征服という。第二次世界大戦後に武力行使禁止原則が確立したため、それ以降は、征服による領土の取得は認められない。

　ただし、法的安定性のために、国家による領域の獲得が認められるか否かは、その行為の当時に有効であった国際法を基準に判断するという考え方がある。これを時際法という。よって、現在は征服による領土の取得が認められないからといって、征服が違法化されていなかった過去に、国家が征服で取得した領域までもが、現在その国の領域として認められない訳ではない。

　(4)　先占　　ある国家が、どこの国の領土でもない土地（無主地）を、領

➡2　領域権原
「権原」とは、法的に権利を創り出す事実のことをいい、領域権原とは、国家がある領域（土地）を取得し、そこに主権を及ぼせるようになる根拠となる事実をいう。

➡3　原始取得と承継取得
原始取得とは、いずれの国のものでもない地域を領土として取得することをいう。承継取得とは、他国の領土を受け継いで取得することをいう。

➡4　日韓併合条約
日本と韓国の間においては、本条約の前に、日本が韓国を保護国とする第二次日韓協約（1905年）や第三次日韓協約（1907年）がすでに結ばれていた。日韓併合条約（韓国の併合に関する条約）は、1910年に締結され、韓国皇帝が韓国全部に対する統治権を日本の皇帝に譲渡し、日本国の皇帝がこれを受諾して韓国を併合すると定めた。

➡5　法的安定性
一般に、法主体等にとって、法が適用されるとどのような結果になるかが予見可能である状況を法的安定性があるという。

コラム❼-1　添付による日本の領域の拡大

　日本も添付によって領土を拡大したことがある。西之島は、東京の南方約930kmの太平洋上にあり、小笠原諸島に属する無人島である。西之島は、1973年から1974年にかけて、および2013年以降の2度の火山活動による溶岩で、その面積を拡大した。最初の噴火前の島の面積は約0.8平方キロメートルであったが、2018年末時点で2.9平方キロメートルとなり、2023年春時点における面積は元の面積の数倍となっている。この増加した面積が添付により、日本の領土として認められる。なお、領土の拡大に伴って領海と領空も拡大するので、日本の領域が拡大したことになる。

出典：気象庁「西之島」(https://www.data.jma.go.jp/svd/vois/data/tokyo/326_Nishinoshima/326_index.html)。

有の意思を持って、実効的に支配して獲得することを先占という。

(5) **添付** 火山の噴火による陸地の拡大といった自然現象や、海岸の埋め立て等の人工的な活動によって、国家の領土が拡大する場合を添付という（⇒コラム❼-1）。

(6) **時効** ある国家が、別の国の領土を長い間継続して支配した場合に、支配した国家がその土地を領有するのを認められることを**時効**[6]という。時効によって国家が領土を取得できるかについては、そもそも学者間に争いがあり、裁判所が時効による領土取得を明確に認めた例はないといわれている。

(7) **現代における領域権原** 以上のうち、現在の国際社会で実際に生じる可能性が一定程度あるのは、割譲、併合、および添付である。先占は、公海等、地球上で国家の領域外のどこかに無主地が新たに生じない限り、先占の対象となる土地がない。時効や征服については、上で説明した通りである。

また、6つの領域権原は、しばしば「伝統的」であると表現される。それらは、古くから認められ、欧州諸国がヨーロッパの外へと進出して領土を獲得した場面等を想定していた（⇒本書❶2）。たとえば、先占は欧州諸国がアフリカ・アジア等において植民地を獲得する理論的な根拠となった。つまり、当時のアフリカ等には多くの人が住んでいたにもかかわらず、そこにヨーロッパのような社会がなければ、無主地とみなされ、その地域は先占による領土の獲得対象となった。

伝統的な領域権原は、現代の国際法において武力行使禁止原則や**人民の自決権**[7]（⇒本書❸2）が確立したことに影響を受けている。

4 裁判所による領土紛争の解決

実際には、以上に見た6つの領域権原で、すべての国家の領土の取得を説明できる訳ではない。

特に、複数の国家が領土に関して互いに対立する主張を行う、領土紛争の場では、上の6つの領域権原に当てはまらない状況もあって、それらに依拠しただけでは解決できない場合もある。

そのような紛争の解決を委ねられた裁判所は、伝統的な領域権原だけではなく、他の要因も考慮して領土紛争を解決してきた。すでに見た**時際法**[8]も、裁判所が判決において発展させてきた理論の1つである。

(1) **決定的期日** 領土に関する紛争が裁判に付されると、裁判所は、事件を解決するために必要な事実を、紛争の当事国が提出した証拠から確定する。裁判の当事国が裁判所に提出する証拠に関して、両国間の領土紛争が発生・確定した日以降に生じた事実や行われた行為に関する証拠は、裁判所が考慮しないことがある。その紛争が発生・確定した日を決定的期日という。

(2) **黙認等** ある国家が領域に関して主権を行使した場合に、他の国がそれに抗議をしないと、黙認とみなされることがある。このように、領土紛争の当事国の承認や抗議といった主観的な反応も領土紛争の解決基準となる。

たとえば、国際司法裁判所（ICJ）の**プレア・ビヘア寺院事件**[9]判決（1962年）では、同寺院がカンボジア領であるとする地図がタイの政府機関等へ送付されて広く公表されたことに対し、タイ側が長期間何らの異議等も示さなかったことが、裁判所により黙認と評価された。

➡6 時効
日本法等の国内法においては、権利の取得に関する取得時効と、権利の消滅に関する消滅時効がある。「一定期間督促を受けないと借金がなくなる」と言った話題に関連するのは消滅時効である。国際法の領域権原に関する時効と類似するのは、取得時効の方である。国内法では時効が成立する期間や「中断」といった制度が規定されているのに対し、国際法の時効は、不文法である慣習国際法として成立しているかどうかが問題となり、成立期間の長さや「中断」の有無が明確ではない。これも、時効が領域権原の1つであることについて疑問が呈される理由となっている。

➡7 人民の自決権（⇒本書❸）
人民の自決権によって、人民の国家からの独立が認められると考えるとき、それは領土保全原則と対立する可能性がある。また、人民の自決権によって独立したアフリカ諸国等の国境は、現状承認原則によって人工的に引かれているので、その内に民族の対立を残すものであった。

➡8 時際法
パルマス島事件常設仲裁裁判所判決（1928年）では、本文で紹介した時際法の考え方のような権利の創設時点だけではなく、その後の権利の存続についても、その時々の国際法によって判断しなくてはならないとされた。

➡9 プレア・ビヘア寺院事件
タイとカンボジアが両国国境地域にあるヒンドゥー教寺院とその周辺地域の領有を争った。ICJは、同寺院がカンボジアの主権下にあると判示した。判決では、黙認にくわえて禁反言（エストッペル）の法理も用いられた。禁反言とは、ある者（この場合タイ）が一定の行為をし、その行為を信頼して他者（カンボジア）が自己の利害関係を変更する行動をとったとき、前者（タイ）は当初の行為と矛盾する行動（地図への不同意）を禁じられる、原則である。

44　第Ⅲ部　領域・空間と国際法

（3）**実効性の原則・実効的支配** 紛争の対象となっている領土について、争っている当事国のどちらが主権を行使してきたかを重視して裁判所は領土の帰属を決めることがある。これを実効性の原則や実効的支配と呼ぶ。これは先占が認められるための実効的な支配とは違う点に注意が必要である。

裁判所に価値が認められる主権の行使の証拠がどのようなものになるかは、紛争の対象である土地の場所や状況等によって変わりうる。たとえば、ICJのマンキエ・エクレオ島事件判決（1953年）では、裁判記録、課税、土地の登記、関係法律の制定、施設の構築が考慮された。

ここにおける裁判所は、紛争当事国の主張・証拠のどちらが強いかを比較して、相対的に領土の帰属を判断する。

（4）**ウティ・ポシデティス原則（現状承認原則）** この原則は、植民地が独立する際に、宗主国が用いていた行政区画を国境線としてそのまま用い、現状を承認することである。この原則は、ラテンアメリカ諸国がスペインから独立する際に引く国境線に用いられ、後にアフリカ諸国の独立時にも適用された。地図で見られる、アフリカ諸国間のいくつかの人工的で直線的な国境線は、この原則に基づいて引かれている。

➡10 **マンキエ・エクレオ島事件**
マンキエおよびエクレオ（エクルオ）両島は、イギリスのチャネル諸島とフランス本土の間に位置する。本事件では、イギリスとフランスとが、その領有を争った。ICJは、マンキエおよびエクレオ両島はイギリスに帰属すると判示した。

5 日本の領土問題

日本も隣国との間で領土をめぐる紛争を抱えている。これらの問題を考える際には、先に見た領域の取得事由や決定的期日等の理論に照らして、もし紛争が裁判所に持ち込まれたらどうなるかという視点を持ちたい。

（1）**北方領土** 国後島・択捉島・歯舞群島・色丹島の北方4島は、第二次世界大戦後からロシア（旧ソ連）が占領している。これに対して、日本政府は、北方4島を日本の固有の領土と主張して、ロシアが日本に返還すべきと主張してきた（⇒本書コラム⑬-1）。

北方領土をめぐる紛争が、竹島や尖閣諸島をめぐる紛争と異なる点として、歴史的に日本とロシアとの間で領土をめぐる複数の条約が締結されてき

資料❼-1 北方領土関連地図

出典：外務省「北方領土問題とは？」（https://www.mofa.go.jp/mofaj/area/hoppo/hoppo.html）。

たことがある。よって、北方領土をめぐる紛争を考察する際には、それらの条約の解釈が重要になる。

　日本とロシアの間で結ばれた日露通好条約（1855年）、樺太千島交換条約（1875年）、およびポーツマス条約（1905年）の結果、北方4島の択捉島とウルップ島（千島列島）の間に国境線が引かれた後、千島列島、そして南樺太が日本の領土となった。

　第二次世界大戦後、1945年の**ポツダム宣言**[11]に基づいて、日本の主権は、北海道・本州・四国・九州および連合国の確定する諸島に限定されることとなった。1951年の**サンフランシスコ平和条約**[12]では、日本が千島列島と南樺太に対するすべての権利等を放棄すると定められた。

　日本と旧ソ連との間では、日ソ共同宣言（1956年）において、両国間の平和条約締結後に歯舞群島と色丹島を日本国に引渡すと定められた。しかし、2024年5月現在、日本とロシアとの間に平和条約は締結されていない。

　特に問題となるのは、国後島と択捉島が、サンフランシスコ平和条約で日本が放棄した「千島列島」（2条(c)）に含まれるか否かである。仮に含まれると解釈した場合であっても、ロシアは条約の当事国では無い点には注意が必要である。日本政府の立場は、「千島列島」はウルップ島以北の諸島に限られ、そこに北方4島は含まれないとし、よって、両島を含む北方4島は日本の領土としている。

　(2)　**竹島**（韓国名：独島）　竹島は、島根県隠岐諸島と韓国の鬱陵島との間の日本海に位置する島々の総称である。

　日本は、江戸時代から漁獲の管理等を通じて領有権を確立し、1905年の閣議決定によって竹島を島根県に編入したことで、島を領有する意思を確認したとする。これに対して、韓国は、竹島は鬱陵島に付属する島として、その領有権を主張する。

　サンフランシスコ平和条約発効前の1952年1月、韓国は、日本漁船の立入禁止をする「李承晩ライン」を一方的に設定し、その内に竹島を取り込んだ。これによって、竹島の領有をめぐる日本と韓国の間の紛争が明確になった。その後、現在まで韓国は、竹島に警備隊員等を常駐させ、宿舎・監視所や灯台といった施設等を構築してきている。

　サンフランシスコ平和条約は、日本が朝鮮の独立を承認するとともに、放棄すべき地域として「済州島、巨文島及び鬱陵島を含む朝鮮」と規定した。この地域の中に竹島が含まれるか否かが問題となる。日本は、条約の起草過程等を根拠として、条約で放棄された島々の中に竹島は含まれておらず、それゆえ、竹島は日本の領土であると主張する。

　日本は、竹島の領有権をめぐる問題を、平和的手段によって解決するため、これまで何回かICJへの紛争の付託を韓国に提案してきた。これに対して、韓国は同意していない。韓国は、領土問題は存在しないとの立場である。このため、ICJによる紛争解決の見通しは立っていない。

　(3)　**尖閣諸島**　尖閣諸島は、沖縄県石垣島から北北東に約170キロメートルのところにあり、魚釣島等から構成される無人の島々である。1960年代後半の調査によって、この地域の大陸棚に石油等の資源が埋蔵されていることが判明した。

　日本は、1895年1月、他国（特に当時の清国）の支配がないのを検討した

11　ポツダム宣言
第二次世界大戦末期の1945年7月にドイツのポツダムで行われたアメリカ大統領、イギリス首相およびソ連首相の会談の結果、日本の降伏条件を定めた宣言が出された。このポツダム宣言の内容の背景には、その数カ月前の2月に同じ顔ぶれの会談で締結されたヤルタ協定があると言われている。ヤルタ協定では、千島列島の割譲等と引き換えに、ソ連が対日参戦すること等が決められていた。

12　サンフランシスコ平和条約
日本と第二次世界大戦の連合国との間で戦争を終結させるために結ばれた平和条約である。条約の締約国は日本と48カ国の連合国である。連合国のすべてが講和会議に参加したわけではない。例えば、中国は講和会議に招かれなかった。さらに旧共産圏の諸国は条約の締約国とはならなかった。旧ソ連も、サンフランシスコ平和条約の内容に反対して締約国とはならなかったため、日本が放棄した関連領土の帰属先は定められなかった。

上で、尖閣諸島を日本の領土に編入した。これは国際法上、無主地に対する先占に基づいた領土の取得である。

他方、中国は、1970年代になってから、歴史等を根拠に尖閣諸島の領有権を主張するようになった。中国は尖閣諸島が無主地ではなかったと主張する。

日本は、1895年から1970年代に至るまでの間に中国政府による黙認等があったとも指摘し、尖閣諸島が日本固有の領土である点は国際法上明らかであり、尖閣諸島を「有効に支配」（編入後に政府の許可の下、日本人が鰹節工場等の事業を展開し、徴税が行われたことや、現在の警備・取締りや国有地としての管理）しているので、ここに領有権の紛争はそもそも存在しない、という立場である。

6　現代における領域

本章では、国家の領域に対する主権・それに伴う国家の義務、主権を及ぼせる領域の取得が国家に認められる事由、国家間の領土紛争を解決するために展開されてきた裁判所の理論、および日本が近隣諸国と有する領土紛争の概要を見てきた。

領域は、伝統的な領域権原のように、国際法の発展の歴史と関係する。個別の領土紛争においても、時際法や決定的期日のように、領域は時間の流れと関係する。そして、ロシアが、2014年にウクライナの一部であったクリミア（半島）を（⇒コラム❼-2）、2022年にはさらに東部4州を自国領土へと編入したように、現代においても領土をめぐる争いは絶えない。

領土をめぐる紛争においては、当事国の行為等の一連の出来事の中から、何が法的に重要な事実であるかを見極め、国際法の原則や理論に照らして客観的に考えることが重要である。これは、日本の領土紛争にも当てはまる。

コラム❼-2　コソヴォとクリミア

黒海に張り出すクリミア半島は、1991年の旧ソ連の崩壊後、ウクライナ領とされた。しかし、クリミアにはロシア系住民が多く住んでいるため、ウクライナとロシアとの間でクリミアの帰属をめぐる対立が生じた。2014年にウクライナでロシア寄りの政権が崩壊すると、親ロシア派はクリミアで住民投票を行った。そこで多数の賛成を得たことを基に、クリミア最高会議が独立宣言とロシアへの編入を決定した。これを受け、ロシアも自国領土にクリミアを併合する国内手続きをとった。

ここには複数の国際法上の論点が存在する。一例を挙げると、ロシアがクリミアを併合する前提として、クリミアは国家でなくてはならない。その際に、クリミアが行った独立宣言が国際法上有効であるかが問題となる。ここには、さらに人民の自決権（外的自決権）や領土保全原則も関係する。

ICJは2010年に、旧ユーゴスラヴィアのコソヴォが行った独立宣言について勧告的意見を出している。そこでは、独立宣言自体を禁止する国際法はないと述べられていた。

しかし、ロシアのクリミア併合が国際法上合法か否かについては、クリミアの独立の過程には正体を隠したロシア軍とみられる軍隊も関与しており、そのようなロシアの武力行使を正当化できる根拠は見当たらないことから、クリミア併合の合法性について否定的な見解が多数とみられる。

図　コソヴォの位置

出典：内閣府HP（https://www.cao.go.jp/pko/pko_j/result/kosovo/kosovo01.html）。

8 漁業、生物資源の保全はどのような法的問題があるか？

設例 サンマは長い間、日本の秋の味覚として愛されてきた。シーズンになると、脂ののった立派なサンマが1匹100円前後で販売される等、庶民に身近な魚だった。ところが、2008年をピークに日本におけるサンマの水揚量は減少傾向となり、2019年以降は年間5万トンを下回り、サンマの市場価格も上昇している。漁獲量の減少は、サンマのみならず、他の魚種でも見られている。原因としては、乱獲、気候変動による海水温の変化等、様々な要因が指摘されている。サンマやマグロといった海洋生物資源は、広い海を回遊するため、一国の取組では十分に保全・保護することができず、国際協力が重要になる。どのようにすれば漁業資源を保全・保護できるだろうか。

1 海は自由に利用できるのか？

(1) **私たちにとって海とは？** 日本は海に囲まれた島国で、漁業・養殖、物資の運搬やレジャーのための船舶の航行、近年では洋上風力発電の建設等、様々な用途で海洋を利用している。また、2011年の東日本大震災で大きな被害を受けた福島第一原発のALPS処理水の海洋放出については、一部の近隣諸国から懸念が表明されるなど、日本の海洋利用が他国に与える影響も無視することができない。地球上の海はつながっているため、ある海域で起こったことが当該海域を超えて広く世界の海に影響を及ぼす可能性がある。そのため、サンマやマグロ等の漁業資源・サンゴ礁などの海洋生態系の保護・保全、海洋汚染の防止等、海洋環境を保護・保全するためには、国際協力が不可欠であるとともに、そのためのルールの策定が重要となる。

(2) **海の憲法としての国連海洋法条約** 海に関する国際ルールとして、1984年に国連で採択された国連海洋法条約がある。同条約は、海に関する想定し得るすべての事柄を規定しているため、海の憲法と呼ばれており、日本も締結している。同条約は、海を陸（基線➡1）からの距離に基づいて区分し、海域➡2毎に国の権利義務を定めることにより、法に基づいて各国が海洋を利用するための基礎となっている。たとえば、基線から12カイリ以内の海域は領海と称され（同条約3条）、沿岸国の主権が最大限尊重される。その結果、沿岸国は原則として、領海を自由に利用することができる。さらに、基線から200カイリ以内の海域の上部水域は、排他的経済水域（EEZ）と称され（57条）、天然資源の管理等に関する沿岸国の主権的権利が認められる（56条）。もっとも、海の大部分は公海として、いかなる国にも属さず、誰もが自由に利用できる海域と定められている（公海自由の原則。87条）。したがって、公海ではすべての国の船舶➡3が自由に航行し、漁業することができる。

(3) **海洋環境保護のための国際ルールの必要性** このように、海域ごとに国の権利義務を定めた国連海洋法条約であるが、公海自由の原則に基づ

➡1 **基線**
領海やEEZの範囲を決める基準となるため、基線の引き方は重要である。基本は通常基線で、沿岸国の海図に記載されている海岸の低潮線とする（国連海洋法条約5条）。しかしながら、ノルウェーのフィヨルドや三陸沖のリアス式海岸等、海岸の地形が複雑な場合には、適当な点を結ぶ直線基線を用いることが認められている（同7条1）。

➡2 **海域**
国連海洋法条約は、領海、EEZ、公海以外に、大陸棚や深海底についてもそれぞれ独自の制度を規定する。

➡3 **船舶の国籍**
船舶は登録した国（旗国）の国籍を有することとされており（国連海洋法条約91条1）、日本に登録されている船舶の国籍は日本である。したがって、たとえば、公海上の日本籍船の管轄権は旗国である日本にある（同92条1）。

48 第III部 領域・空間と国際法

き、好きなだけ魚を獲ってよいのだろうか。廃棄物（ごみ）等を公海に捨ててよいのだろうか。以下では、海の連続性にかかわるこのような問題について国際法がどのように規律するのか、説明する。

2　漁業は自由？

（1）海洋生物・生態系が直面する危機　近年、日本のサンマの水揚量が減少している。サンマ等の漁業資源・それ以外の海洋生物、サンゴや海藻等の植生を含む資源は無限ではない。魚や海藻等を獲りすぎると枯渇する恐れがある。実際、多くの野生動植物が絶滅の危機に瀕している。もっとも、サンマやマグロ等の漁業資源は、日本の国家管轄権内の海域（領海やEEZ）のみで生息するのではなく、広く、世界の海を回遊している。したがって、日本以外の国が日本以外の場所でサンマを獲っていれば、サンマの資源量が減少する。そのため、このような魚種を保全・保護するためには、関係国の協力が不可欠である。

（2）魚を保護・保全するための国際ルール　国連海洋法条約は、二以上の国のEEZまたはEEZと公海にまたがって分布する魚類（**ストラドリング魚類**）およびマグロ、カツオ、カジキ類等（高度回遊性魚類）の資源管理のために、国が国際機関等を通じて協力することを義務付ける（63条・64条）。

このような国連海洋法条約の規定を実施するための詳細なルールを規定するのが、2001年に発効した国連公海漁業協定である。この協定に基づき、ストラドリング魚類・高度回遊性魚類を獲る国は、国際的または地域的な機関を通じて、漁業資源の効果的な保存および管理を確保するために協力しなければならない（同協定8条）。国連公海漁業協定は、ストラドリング魚類・高度回遊性魚類の資源管理を行う際の基本原則として**予防原則**（⇒本書⓾2）を採用する（同6条）。また、同協定は、対象となる漁業資源の生息地およびその周辺環境についても配慮する「生態系アプローチ」（同5条（d）（e）等）に基づく資源管理を規定する。予防原則および生態系アプローチをとること

➡**4　ストラドリング魚類**
たらやかれいなど。

➡**5　予防原則**
環境問題は、地球温暖化（産業革命以降の経済活動による温室効果ガスの堆積）や海洋汚染（航行中の船舶からの排出や河川を通じた陸からの汚染等）といった、長期間に及ぶ様々な活動によって生じた問題も多い。そのような環境問題は、行為が行われた時点では顕在化していないことから、原因となった行為を行った者に責任を負わせることが困難であるのみならず（規制の難しさ）、そもそも、一度破壊された環境を元の状態に戻すことは極めて困難である。このような状況下で登場したのが、1970年代のドイツ環境法で用いられた予防原則である。予防原則は、環境損害が生じる前に損害が生じないよう、環境損害が生じた（る）という確実な科学的根拠がなくとも、予防的に対策を講じることを要求するものである。すなわち、予防原則に基づくと、漁業資源に関する科学的情報が不確実・不正確又は不十分な場合であっても、国は十分な科学的情報がないことを理由として、それら資源の保存管理措置をとらないことを正当化することはできず、負の影響を防ぐために予防的措置をとらなければならない。

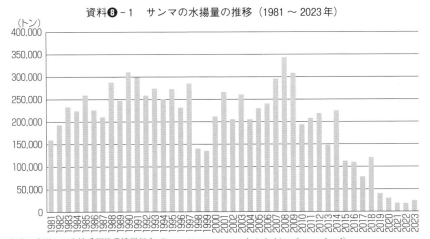

資料❽-1　サンマの水揚量の推移（1981～2023年）

出典：全国さんま棒受網漁業協同組合（https://www.samma.jp/tokei/catch_year.html）

2025年1月7日に公表された同漁業協同組合の統計によると、2024年度のさんま水揚量は2023年度より約14000トン増えたが、その量は2008年の水揚量の1割強に過ぎない。漁業資源の減少要因として、地球温暖化による影響も指摘されているが、わが国も参加する北太平洋漁業委員会では、2024年4月、さんまの資源水準に応じた漁獲可能量を算出する漁獲管理規則が採択され、さんま資源の持続可能性のための国際協力が推進されている。

により、海洋生物が生きる環境そのものを広く保護・保全することが可能となり、より効果的な海洋環境の保護が期待されている。

（3）**魚を保護・保全するための実際の措置**　ストラドリング魚類や高度回遊性魚類の資源管理を担う国際的又は地域的漁業管理機関として、たとえば、大西洋まぐろ類保存国際委員会（ICCAT）、北太平洋漁業委員会、みなみまぐろ保存委員会、中西部太平洋まぐろ類委員会があり、日本も多くの漁業管理機関に参加している。漁業管理機関は、対象魚類の長期的な持続可能性を確保するための保存管理措置を策定する（同10条（a））。具体的な保存管理措置として、最適な科学的情報をもとに算出された持続可能な年間漁獲量を魚種ごとに設定し、それを関係国に割り当てるという方法をとることが多い。そのため、通常、各漁業管理機関では、年に1回、すべての関係国が集まる公式会合が行われ、魚種ごとに翌年の漁獲量が決定される。関係国は自国に認められた漁獲量を超えて対象魚種を獲ることはできない。漁業管理機関によっては、持続可能な漁業を実現するため、特定の漁法を禁じるなど、漁業資源の持続可能性を確保するために様々な措置を講じている。実際、日本のクロマグロの漁獲量は、たとえば、ICCATで決められた漁獲量を上限として設定されており、日本の漁船が獲った漁獲量（＝日本の漁獲量）の詳細は水産庁のウェブサイトで公開されている。国際的に認められた日本の年間漁獲量を超える恐れがある場合には、日本の漁船は、その時点で操業を中止しなければならない。国際社会の一員として、将来世代にも漁業資源を残すためには、このように関係国が参加する国際的な漁業資源の管理措置に参加し、協力することが不可欠である。

（4）**国際ルールに従わない違法な漁業への対策**　しかしながら、現実の海では、国連公海漁業協定に基づく国際的または地域的な協力枠組に従うことなく行われる、違法な漁業が後をたたない。このような違法な漁業は、「違法、無報告及び無規制（IUU）漁業[6]」と称され、IUU漁業による乱獲が漁業資源を破壊する等の深刻な問題が生じている。

最も基本的なIUU漁業対策は、旗国による漁船管理である。旗国は自国に登録された船舶が適法な漁業を行っているか否か、監督する。IUU漁業を行っていると疑われる船舶には、旗国による適切な指導が求められる。このような旗国の管理監督の成果をとりまとめる形で、漁業管理機関は、各国の許可を受けた漁船またはIUU漁業を行っている漁船のリストを作成し、その情報を関係国で共有する等、IUU漁業対策を講じている。

また、国連の専門機関の1つである世界食糧機関（FAO）では、2009年、違法漁業防止寄港国措置協定が採択され、日本も2017年に締結している。違法漁業防止寄港国措置協定では、地域的漁業管理機関等が作成するIUU漁船リストに掲載されている場合など、入港しようとする船舶がIUU漁業に従事していることの十分な証拠がある場合、寄港国は当該船舶の入港を拒否することができる（同協定9条）。また、すでに入港した船舶がIUU漁業に従事したと信ずるに足る合理的な根拠がある場合、寄港国は当該船舶が漁獲した魚の水揚げや燃料補給など、自国の港湾の使用を拒否することができる（同11条）。さらに、入港した船舶がIUU漁業に従事したと信ずるに足る十分な証拠がある場合、寄港国は当該船舶を検査することができる[7]（同12条）。

IUU漁業対策は、漁獲された魚の流通過程でも行われている。国連公海漁

➡6　**IUU 漁業**
IUU漁業とは、たとえば、密漁等の国内・国際法の許可なく行われる無許可操業、産地偽装等の無報告又は虚偽報告された操業、無国籍の漁船による操業、漁業管理機関に加盟していない国の漁船による操業など、各国の国内法や国連公海漁業協定・漁業管理機関の操業ルールに従わない漁業活動をいう。IUU漁業は、持続可能な漁業資源を確保するための国際ルールを無視して行われることから、漁業資源の枯渇を招く恐れがある。国際ルールから逸脱して行われるため、正確な実態を把握することは容易ではないものの、WWFジャパンの2024年4月9日付報道によると、世界の漁獲量の約3割がIUU漁業によるとされている。また、違法な操業であることから、漁業従事者の労働条件の悪化等の人権保護の観点からも問題が指摘されている。

➡7　**寄港国による船舶検査**
通常、船舶には旗国のみが管轄権を行使できる（国連海洋法条約92条1、94条、97条）。したがって、船舶が違法行為を行った場合、当該船舶を検査する権限を有するのは、一義的には旗国であるところ、本協定ではIUU漁業の違法性の重大さに鑑み（➡6参照）、船舶の旗国ではない寄港国に検査権限を認めた点が重要である。

業協定・各漁業管理機関のルールを遵守して漁獲された魚を正規製品と認定し、証明書を添付する**漁獲証明制度**が導入されている。証明書がない魚は、IUU漁業による魚と判断され、市場への流通が防止されることになり、結果的に、IUU漁業の撲滅につながることが期待される。

このように、現在の国際社会では、漁業資源の保全・保護、将来世代へも配慮した持続可能な漁業を実現するために、IUU漁業対策が進められており、公海自由の原則に基づいて、好きなだけ魚を獲ってよいわけではない。

3　その他の海洋生物・生態系の保護・保全は？

(1)　国際公共財としての海洋環境の位置づけ　国連海洋法条約192条は、海洋環境の保護・保全に関する国の一般的な義務を規定する。したがって、沿岸国にはたとえ自国の領海内の行為であっても、当該行為が海を通じて他国へ悪影響を及ぼさないように配慮することが求められる。さらに、公海自由の原則が認められる公海であっても、傍若無人な漁業をすれば、海洋生態系を破壊することにつながる。また、汚染物質を公海に廃棄すれば、廃棄した地点から海流にのって、汚染物質が広く地球全体の海に拡散する恐れがある。したがって、どの海域であっても、海を利用する者・管理する国は、常に海洋全体への影響を考えることが求められている。海は、地球上のすべての人の食料の供給地として、または、レジャー・航行のために利用されていることから、国際公共財（Global Commons）であるといえる。

(2)　海洋環境を保護・保全するための新しい取り組み　海洋の国際公共財としての性質を体現する新しい国際条約が2023年6月に国連で採択された「国家管轄権外区域の生物多様性の保全と持続可能な利用に関する国連海洋法条約の下での協定」（BBNJ協定）である。同協定は、国連海洋法条約を補完するものとして策定された。同協定の適用海域は、国家管轄権外の海域（公海および**深海底**）である。また、同協定の目的は、公海および深海底の生物多様性・生態系の保護・保全、公海および深海底の生物・生態系から得ら

➡8　**漁獲証明制度**
日本でも、国際的なIUU漁業対策に貢献するため、IUU漁業に起因する漁獲物の国内流入を防ぐ措置を講じることが必要であるとの認識が高まり、水産流通適正化法が制定された。同法に基づき、イカ・サンマ・マイワシ等を輸入する際には、外国の政府機関等が発行する、適法に漁獲されたことの証明書等の添付が義務付けられている。

➡9　**海を通じて他国へ悪影響が及ばないように配慮する国の義務**
ある国の沿岸海域で生じた事象が如何に広く、海を通じて、他の国々に影響を与えるか、ということを考えるにあたり、東日本大震災によって生じた海洋漂流物（ごみ）の移動調査が参考となる。たとえば、2014年3月に公表された、独立行政法人海洋研究開発機構による「平成25年度東日本大震災に伴う洋上漂流物に係る緊急海洋表層環境モニタリング調査業務報告書」によると、東日本大震災によって日本の沿岸海域から流出した物は、海流や風に乗り、北アメリカ大陸西岸に接近し、その一部がハワイ諸島に接近しながらさらに海上を運ばれていることが明らかにされている。このことから、自国沿岸海域での事業等であっても、国は当該事業等が世界の海に与える影響について配慮しなければならないことが明らかである。

➡10　**深海底**
深海底とは、国の管轄権の及ぶ区域の境界の外の海底およびその下

コラム❽-1　捕鯨問題

海洋哺乳類については、1982年に国連海洋法条約が採択されるはるか前、1946年に国際捕鯨取締条約が作成され、同条約に基づいて設立された国際捕鯨委員会（IWC）が鯨類の保護・保全措置を決めてきた。日本は1951年に国際捕鯨取締条約加盟した後、国際ルールに従って捕鯨を行ってきた。IWCでは、科学的調査のための捕鯨（special permit (or scientific) whaling）や先住民族が行う捕鯨（aboriginal subsistence whalingと称され、デンマーク（グリーンランド）、ロシア、アメリカ（アラスカ）等で行われている）を認めているが、1982年に「商業捕鯨モラトリアム」決定が採択された。「商業捕鯨モラトリアム」では、商業目的の捕鯨数をゼロにすることが規定されるとともに、1990年までに同モラトリアムが鯨資源に与える影響を包括的に評価するとともに、同モラトリアムの見直しを検討することも規定された。日本は、同モラトリアムが採択された後は、国際ルールに基づいて調査捕鯨を行っていた。しかしながら、2010年、オーストラリアは日本が南極海で行っていた第2期南極海鯨類捕獲調査が国際法違反であるとして、国際司法裁判所（ICJ）に訴えた（ニュージーランドが訴訟参加）。2014年3月31日に言い渡されたICJの判決では、第2期南極海鯨類捕獲調査は、国際捕鯨取締条約8条1が規定するいわゆる調査捕鯨であるとする日本の主張が認められなかったが、同判決以後も、日本は国際社会の理解を得るため、国際捕鯨取締条約の締約国として捕鯨に関するわが国の立場への理解を求めてきた。しかしながら、2019年6月30日、日本はIWCを脱退し、以後、国際法に抵触しないよう、豊富な資源量があることがIWC等によって認められているミンククジラやニタリクジラ等を対象として、日本の領海・EEZ内で捕鯨を行っている。捕鯨が行われる地として、例えば、下関（山口県）、太地（和歌山県）、網走・釧路（北海道）等が挙げられる。なお、各鯨類の捕獲量については、鯨類の資源量に悪影響を与えないよう、IWCで採択された方式に沿って算出された捕獲可能量の範囲内で毎年設定されており、詳細は、水産庁のウェブサイトでも公開されている。

をいう（国連海洋法条約1条1）。深海底にはレアメタル等の鉱物資源の埋蔵や未知な生物・生態系の存在が見込まれているが、その全貌は明らかではない。国連海洋法条約では、深海底およびその資源を人類の共同の財産と規定し（同136条）、鉱物資源等の開発等については、国際深海底機構（ISA）を中心とした特別な管理体制をとっている。

➡11　海洋保護区
国際法上、海洋保護区に関する統一した定義はないが、BBNJ協定に関する議論や生物多様性条約第7回締約国会合の議論等を参考にすると、海洋保護区とは、「海洋の明確に定められた区域であって、そこにある水塊および関連する動植物相、歴史的および文化的特徴が、法律および慣習を含む他の効果的な手段により保護され、それによって海域・沿岸の生物多様性が周辺よりも高いレベルで保護されている効果を有する区域」と解される。

➡12　生物多様性条約
生物多様性条約の目的は、生物多様性の保全、生物多様性の構成要素の持続可能な利用、遺伝資源の利用から生じる利益の公正かつ衡平な配分である（1条）。このうち、特に第3の目的については、2010年に日本で開催された第10回締約国会議で「遺伝資源へのアクセスと利益配分（ABS）に関する名古屋議定書」が採択され、動植物や微生物から取得された遺伝資源の提供国（主に途上国）と利用国（主に先進国）の利益配分等に関するルールが定められた。

➡13　深海底の生態系の実態は不明な点が多い。しかしながら、深海底に生息する微生物から得られる遺伝資源が、医薬品等の様々な産業分野で活用される可能性に世界が注目している。

➡14　プラスチックごみの例として、使い捨てプラスチック容器・食器、包装材、5mm未満のマイクロプラスチック等がある。陸で発生したプラスチックごみは、河川を通じて海に流れ込み、遠くまで運ばれる漂流ごみになったり、海岸に打ち上げられる漂着ごみになったり、さらには、海底に沈んで海底ごみになって、広く、深く、海を汚染するだけでなく、それらのごみによって、海洋生物・生態系を含めた海洋環境を悪化させたり、ごみによって海岸機能を低下させたり、船舶航行を妨げる等、様々な問題を引き起こしている。

れる遺伝資源の持続可能な利用等である。

BBNJ協定の新たな特徴は、次の2点である。

第1に、適用対象として、国家管轄権外の海域である、公海と深海底を対象とする点である。BBNJ協定に基づき、公海および深海底に海洋保護区を設定することが可能になる。

第2に、国連海洋法条約採択時には重視されていなかった海洋の生物多様性や生態系の保護・保全を目的とする点である。1992年の国連環境開発会議を機として、生物多様性の保護・保全を目的とする生物多様性条約が採択された。海洋の生物多様性および生態系の保護・保全については、国連海洋法条約の下に、新たにBBNJ協定を策定することとなった。

BBNJ協定を締結しない国に対し、BBNJ協定は法的義務を生じさせないが、国連海洋法条約192条が規定する海洋環境の保護・保全に関する国の一般的な義務に基づくと、たとえBBNJ協定を締結していないとしても、国連海洋法条約に基づいて国は海洋環境を保護・保全する一般的な義務を負うこととなり、また、そのために諸外国と協力する義務を負う。BBNJ協定の締約国であるか否かを問わず、同協定によって設定された海洋保護区については、その設定趣旨に反するような行為を控えなければならないと考えることが、BBNJ協定および国連海洋法条約の趣旨、および今日的な海洋の国際公共財としての位置づけから適切である。

海洋環境に深刻な影響を与えるとして、早急な対策が求められているのが、海洋プラスチックごみに関する国際ルールの策定である。プラスチックは、軽く耐久性があり、有用性が高い。プラスチックごみの多くは陸で発生しており、河川等を通じて最終的には海に流れ着く。一度海に流れこんだプラスチックごみは長期間海を漂い、海洋汚染の原因となるとともに、プラスチックを飲み込んだ魚等を人が食することによる人体への影響が懸念される等、様々な形で海洋環境・人間の健康に悪影響を及ぼす。海に流れ込むプラスチックの大半は陸で使用・廃棄されていることから、陸でのプラスチック規制も考慮しなければならないことが諸国の共通認識となった。その結果、2022年3月には国連環境計画（UNEP）でプラスチック規制のための新たな国際条約の策定が決定され、新条約に関する議論が進められている。

4　海洋環境保護に関する紛争解決について

このように、国際社会は海洋環境の保護・保全のための国際ルールの作成を進めている。海洋は魚・水生植物などの生物資源、レアメタルなどの非生物資源、海洋生物・生態系から得られる遺伝資源とその派生物を含め、広く国際社会の関心事となっている。国境で区切ることができない海洋の性質に鑑みると、海洋環境保護に関する国際ルールの整備は望ましいことであり、諸国は海洋を利用するにあたり、国際法を遵守しなければならない。もっとも、海洋の利用やそれに伴う海洋環境保護のあり方に関し、諸国の見解が相違する等、国家間で紛争が生じる可能性がある。この点に関し、国連海洋法条約は、同条約に関する紛争を解決するための裁判機関として、国際海洋法裁判所（ITLOS）をハンブルク（ドイツ）に設立した。ITLOSは1996年に活動を開始し、山本草二（1996年～2005年9月末）、柳井俊二（2005年10月～2023年9月末）、堀之内秀久（2023年10月～）の各氏が日本出身の裁判官とし

て従事している。

　海洋環境の保護に関するITLOSの取り扱い事例は、1999年のみなみまぐろ事件（ニュージーランド・オーストラリア対日本）、2001年のMOX Plant事件（アイルランド対イギリス）、2011年の深海底活動に係るスポンサー国の責任・義務に関する勧告的意見等複数あり、海洋環境に関する紛争解決手段として重要な役割を担っている。→15

　特に、2011年に公表された深海底活動に係るスポンサー国の責任・義務に関する勧告的意見においてITLOSは、国は海洋環境を保護するための相当の注意義務を負うと述べるとともに、相当の注意義務の内容・程度は、時代および科学技術の発展に伴って変化すると述べた。このことから、科学技術が発展するに伴い、ある行為が海洋環境に悪影響を与えると予測される可能性が高まる現代では、海洋を利用（開発）する際に、利用（開発）国に要求される相当の注意義務のレベルも上がると考えられる。

　さらに、ITLOSはMOX Plant事件で、イギリスにおけるMOX工場の操業に関し、協力義務は国連海洋法条約第12部と一般国際法に基づく海洋環境の保護に関する基本原則であること、および慎慮（prudence and caution）の要請を踏まえて、アイルランドとイギリスはMOX工場の操業によるアイリッシュ海への影響に関する情報交換、操業による影響の監視、操業から生じ得る海洋環境汚染を防止する措置の考案について速やかに協議しなければならないとした。このことから、各国は海洋を利用する際には、利用が海洋に与える影響等に関する情報を近隣諸国に提供する等、海洋環境を保護・保全するために協力する義務を負うと解される。

　海洋環境を含めた地球環境の保護・保全が国際的な関心事である現代では、自国の行為が、近隣諸国および国際社会にいかなる影響を及ぼすかという点も考慮し、国際ルールを遵守した上で海洋を利用し、海洋環境の保護・保全に貢献することが求められる。

➡15　国連海洋法条約に基づいて設立されたITLOSにおける紛争のうち、日本が関係した漁業資源の管理に関する仲裁裁判として、1999年7月にオーストラリアおよびニュージーランドによって一方的に付託されたみなみまぐろ事件が挙げられる（⇒本書❸）。オーストラリアおよびニュージーランドは、みなみまぐろの資源状況に関するデータ収集を目的として日本が実施した調査漁獲が国連公海漁業協定等に違反すると訴えた。2000年8月、仲裁裁判所は、本件について仲裁裁判所に管轄権がなく、原告が訴えを提起するべき裁判所はみなみまぐろ保存条約に基づくものでなくてはならないと判断した。

コラム❽-2　国連海洋法条約採択までの海洋環境問題

　国連海洋法条約が採択された1982年当時、海洋環境問題として重視されたのは、タンカー等の事故による海洋汚染や陸から河川を通じて海に流れ込む海洋汚染問題であった。

　タンカー等の事故による海洋汚染については、たとえば、1967年にイギリス沖でトリーキャニオン号が座礁し、積載していた原油が流出したことによって深刻な海洋汚染が引き起こされた。トリーキャニオン号事件をきっかけに、油濁補償に関する国際的なファンドが創設されるなど、船舶事故による海洋環境汚染対策の必要性について国際的な議論がなされた。

　また、沿岸国の生活排水・工業廃水・農業廃水・畜産廃水が河川を通じて流れ込むバルト海では、それらの廃水に含まれる栄養塩類（窒素化合物やリン酸塩）の濃度が高まることで過剰な栄養によって植物性プランクトンが増殖した。このように富栄養化が進んだバルト海では、海洋の生態系バランスが崩れるのみならず、水質が悪化する等、海洋環境問題が深刻化した。そのため、1974年には東西ドイツ、デンマーク、スウェーデン、ポーランド、ソ連の7カ国が「バルト海の海洋環境保護に関する条約」（現在のヘルシンキ条約）に合意し、陸・空・海を起源とするすべての汚染からバルト海を守るために締約国が協力する制度が作られた。海洋汚染対策に関するこのような取組は、1974年以降、国連環境計画（UNEP）によっても推進され、それらは地域海計画（Regional Seas Programme）と称される。日本が参加する地域海計画としては、1994年から活動を開始した北西太平洋行動計画があり、日本以外の参加国は、中国、韓国、ロシアである。

第IV部
国際社会の諸課題と国際法

9 貿易紛争はどのように解決されているのか？

> **設例** A国はB国に産品αを価格100で輸出している。B国はA国から産品αを輸入するにあたり、関税5％を賦課していたが、ある時、B国は一方的に関税を10％に引き上げた（価格105→110）。A国はB国の一方的な関税引き上げに抗議したが、B国は関税の引き下げに応じない。こうしてA国とB国の間で産品αの貿易をめぐって紛争が起こった。B国の一方的な関税引き上げはなぜ問題なのか。A国とB国はどのように両国間の貿易紛争を解決するのか。

1　WTO体制の成立と概要

　貿易は最も基本的な国際経済活動であり、貿易を巡っては、古くから国家間の交渉や取り決めの対象でもあり、また国家間紛争の原因でもあった。今日の国際貿易は、世界貿易機関（WTO）を中心に築かれている多角的な貿易体制に基づいて行われている。これは第二次世界大戦までの国際経済秩序の反省から出来上がったものである。

　(1)　**第二次世界大戦までの国際経済秩序とGATTの成立**　第二次世界大戦までの国際経済秩序は、保護主義とブロック経済によって特徴付けられる。1929年の世界恐慌の後、各国は関税の引き上げや数量制限等の貿易障壁を設けて輸入規制を行い、自国の産業を保護していった。こうした保護主義政策は、経済のブロック化と相まって世界貿易の減少と近隣諸国の窮乏化を招き、結果として世界恐慌からの脱出を困難にした。ブロック経済は、特定国間に排他的で閉鎖的な経済圏（ブロック）を形成し、そのブロック内の貿易は関税の引き下げや数量制限の撤廃等によって自由化する一方、域外の第三国に対しては高い貿易障壁を維持した。このように、ブロック経済は互いに他を差別するためブロック間の対立は悪化する一方で、最終的には枢軸国と連合国の軍事的な二大陣営に形を変え、第二次世界大戦を誘発した。

　そこで、第二次世界大戦後の国際経済秩序は、多角的で自由かつ無差別な貿易体制が世界経済に繁栄をもたらし、国際社会の永続的な平和と安定に寄与するとの理念に基づいて構築された。そのために設立が試みられたのが国際貿易機関（ITO）であったが、その設立条約である**ITO憲章**が発効しなかったため未成立に終わった。代わって、ITO憲章の起草と同時に行われていた関税引下げ（**関税譲許**）交渉の成果と、それを実行するために必要な諸規定を盛り込んだ「関税及び貿易に関する一般協定（GATT）」が採択され、1948年に発効した。このGATTが、第二次世界大戦後半世紀にわたり国際貿易に中心的な役割を果たしていった。

　GATTの基本原則は、最恵国待遇原則と内国民待遇原則（以上、無差別原則）および数量制限の一般的禁止である。最恵国待遇原則は、いずれかの国

→1　江戸時代末期に欧米列強が日本に開国を迫った理由の1つも自由貿易を求めたからであり、後にそれらの国々と締結した、いわゆる不平等条約と言われる条約の内容も、関税についての取り決めなど貿易に関するものが多くあった。これらの不平等条約の改正が、明治政府の重要な外交課題となった。

→2　ITO憲章
ITO憲章は、貿易政策のみならず雇用政策や経済開発なども対象としていたため、交渉参加国の国内議会が自国の経済政策の制約になることを危惧して批准に反対するケースが相次いだ。結局、署名53ヵ国のうち批准したのは2ヵ国（リベリアとオーストラリア）のみであり、発効しなかった。

→3　関税譲許
国家が特定の輸入品に対して一定の関税率を設定し、それ以上の関税を課さないという約束。**設例**のB国の一方的な関税引き上げは関税譲許違反になる。

→4　交渉の成果である各国の関税譲許を対象品目ごとに表にしたものが譲許表である。譲許表はGATTの一部となる。

→5　通貨・金融分野では、自由貿易を発展させ経済を安定させるために1945年にブレトンウッズ協定が締結され、国際通貨基金（IMF）と国際復興開発銀行（IBRD）が設立された。これにより固定相場制が導入され、IMFはそのために必要な資金を融資し、IBRDは戦後復興および開発のための長期的融資を行うことを目的とした。このブレトンウッズ体制は1971年のニクソンショックまで続き、1973年には変動相場制へ移行した。

56　第Ⅳ部　国際社会の諸課題と国際法

に与える最も有利な貿易条件や待遇を他のすべての国に与えなければならないとする原則である（GATT1条）。内国民待遇原則は、輸入品に適用される待遇は、国境措置である関税を除いて、同種の国内産品に対する待遇と同じでなければならないとする原則である（同3条）。また、数量制限は輸出入ともにいかなる方法によるものも禁止される（同11条）。以上の基本原則に基づき、GATTは締約国間のラウンド交渉[6]でさらなる関税譲許、その他の貿易障壁の軽減・撤廃を実現し、その成果をすべての締約国に無差別に適用することによって多角的な自由貿易を推進していった。[7]さらに、GATTは紛争解決も自ら行うことを予定していた。締約国間で起こったGATT上の紛争を、当事国間の協議によって解決できない場合、その問題はGATTに付託されることとし、実行上小委員会（パネル）が審理し裁定を下す、パネル手続を中心とする紛争解決手続が確立していった。

(2) GATTからWTOへ　GATTのラウンド交渉は、回を重ねるごとに参加国も増え確実に成果を出していった一方で、1970年代後半以降は、GATTの限界も明るみにでるようになった。GATTは物品の貿易のみを対象としていたが、世界貿易に占めるサービス貿易の割合が高まってくるにつれて、先進国を中心にこうした新しい分野も対象とすることが求められるようになった。またGATTのラウンド交渉は当初関税譲許がメインであったが、次第に関税以外の貿易障壁、いわゆる非関税障壁の規制も大きな問題となっていった。東京ラウンド交渉（1973〜1979年）は非関税障壁の軽減に本格的に取り組み、**東京ラウンド協定**[8]と呼ばれる一連の諸協定が締結された。しかし、それらの協定の受諾はGATT締約国の義務ではなく、各締約国がどの協定を受諾するか自由に選ぶことができた（アラカルト方式）。さらに紛争解決手続も、協議やパネル手続の各段階に期限が設定されていなかったため長期間に及び、すべての決定にすべての締約国の同意を必要としていたため（コンセンサス方式）、当事国の反対により途中で頓挫してしまうことも多々あった。

→6　**ラウンド交渉**
GATTの締約国が参加し、幅広い分野について関税譲許をはじめとする貿易自由化のための二国間交渉と多数国間交渉を並行して行うもの。多角的貿易交渉ともいう。

→7　GATTのラウンド交渉は、第1回ジュネーブラウンド（1947年）から第8回ウルグアイラウンド（1986〜1994年）まで計8回行われた。参加国数も第1回は19カ国であったが、第8回は128カ国になった。

→8　**東京ラウンド協定**
①補助金相殺措置協定、②ダンピング防止協定、③スタンダード（貿易の技術的障壁）協定、④政府調達協定、⑤関税評価協定、⑥輸入許可手続協定、⑦民間航空機協定。

資料❾-1　WTO協定の構成
WTOを設立するマラケシュ協定（WTO設立協定）
　附属書1
　　附属書1A　物品の貿易に関する多角的協定
　　　　・1994年の関税及び貿易に関する一般協定（1994年のGATT）
　　　　・農業に関する協定（農業協定）
　　　　・衛生植物検疫措置に関する協定（SPS協定）
　　　　・貿易の技術的障害に関する協定（TBT協定）
　　　　・貿易関連投資措置に関する協定（TRIMs協定）
　　　　・第6条の実施に関する協定（アンチ・ダンピング協定）
　　　　・第7条の実施に関する協定（関税評価協定）
　　　　・船積み前検査に関する協定
　　　　・原産地規則に関する協定（原産地協定）
　　　　・輸入許可手続きに関する協定
　　　　・補助金・相殺措置に関する協定（補助金協定）
　　　　・セーフガードに関する協定（セーフガード協定）
　　附属書1B　サービスの貿易に関する一般協定（GATS）
　　附属書1C　知的所有権の貿易関連の側面に関する協定（TRIPS協定）
　附属書2　紛争解決に係る規則及び手続に関する了解（紛争解決了解）
　附属書3　貿易政策検討制度（TPRM）
　附属書4　複数国間貿易協定
　　　　・民間航空機協定
　　　　・政府調達に関する協定

そこで、1986年から始まったウルグアイラウンド交渉において、GATTを引き継ぎ、それを大幅に発展、拡充させた世界貿易機関（WTO）の設立が話し合われ、1995年1月にWTOを設立するマラケシュ協定（WTO設立協定）が発効し、WTOは成立した。WTOはGATTの限界を克服している。まずWTOの対象領域は物品の貿易のみならず、サービス貿易、知的所有権の保護や衛生植物検疫等を含み、GATTと比べて大幅に拡大された。また国家はWTOに加盟するにあたり、WTO設立協定とともにそれに付属している多角的貿易協定も一括して受諾することが義務付けられた（**一括受諾方式**）。さらに新しい紛争解決手続を作るために紛争解決了解（DSU）が策定され、GATTの紛争解決手続の問題点を改善した上で、裁判手続に類似した精密で効果的な紛争解決手続が出来上がっている。

2　WTOの紛争解決手続

WTOの紛争解決は、紛争解決了解（DSU）に規定されている規則・原則および手続に基づいて行われる。そして、これは全加盟国から構成される紛争解決機関（DSB）によって運用されている。

(1)　**手続きの流れ**　WTOの紛争解決手続は、大きく5つの段階に分けられる。

①**協　議**　WTO加盟国は、他の加盟国がWTO協定に違反する措置をとった結果、自国のWTO協定上の利益が侵害されていると認める場合（GATT23条1）、関係加盟国に対してその問題の解決のための協議を要請する。協議の要請を受けた日から60日以内（DSU4条7）に紛争を解決できない場合には、申立てを行った紛争当事国（申立国）は、一方の紛争当事国（被申立国）を相手にDSBに小委員会（パネル）の設置を要請することができる（同）。

②**パネル手続**　パネルの設置が要請された場合、原則月1回開催されるDSBの会合において、全加盟国がパネルの設置に反対しない限り、すなわち1カ国でも賛成するならばパネルは設置される（ネガティブコンセンサス方式）（DSU6条1）。**パネル**は3名のパネリストから構成され、付託された問題の事実関係、関連協定の適用の可能性および当該協定との適合性に関する客観的評価を行う（同7条1、11条）。パネルは紛争当事国から提出された意見書および口頭陳述を検討する。その結果に当事国が異議を申し立てなければ、パネルはこれをパネル報告として全加盟国に送付する（同15条）。パネルの設置からパネル報告の送付までは、原則6ヵ月とされている（同12条8）。パネル報告は、加盟国への送付の後60日以内に、DSBの会合でネガティブコンセンサス方式によって採択される（同16条4）。

③**上級委員会手続**　紛争当事国がパネル報告に異議を有する場合、パネル報告が採択される前に上級委員会へ申し立てることができる。**上級委員会**は常設で7人の委員で構成され、そのうちの3人が1つの案件の審理を担当する（DSU17条1）。上級委員会の審理はパネル報告の対象となった法的な問題およびパネルが行った法解釈に限定される（同17条6）。上級委員会は紛争当事国の上訴の日から原則60日以内、最長90日以内にその報告書を加盟国へ送付する（同17条5）。その後、上級委員会の報告は30日以内にDSBの会合でネガティブコンセンサス方式によって採択される（同17条14）。

④**勧告および裁定の実施**　パネルおよび上級委員会は、その報告書の中で問

➡9　**一括受諾方式**
GATTはそのまま「1994年の関税および貿易に関する一般協定」（附属書1A）としてWTO協定の一部となっている。一括受諾の対象は附属書1、2、3であり、附属書4は対象外である。附属書4は別個に受諾を行った加盟国にのみ適用される。

➡10　紛争当事国の合意がある場合は、一般国際法上のあっせん、調停および仲介による紛争解決も可能である（DSU5条）。

➡11　**パネル**
事務局はDSU8条1に規定する資格を有する公務員および公務員以外の者の候補者名簿を保持し、パネリストは、付託案件ごとにその中から選ばれる。

➡12　**上級委員会**
上級委員会の委員は、任期4年、1回に限り再任可能である。法律、国際貿易、WTO協定が対象とする問題一般についての専門知識により権威を有する者が選任される（17条）。

題とされた措置をWTO違反と認定した場合、違反措置をWTO協定に適合させるよう勧告する（DSU19条1）。被申立国は違反認定された措置を修正もしくは撤廃して、WTO協定に適合させなければならない。勧告の実施は即時に行うことが原則であるが、不可能な場合、被申立国には妥当な期間が与えられる。妥当な期間は当事国の合意によって、あるいはパネル・上級委員会報告の採択後45日以内に合意がない場合には、90日以内に拘束力のある仲裁によって決められる（同21条3）。妥当な期間は、パネル・上級委員会報告の採択から原則15カ月以内とされている（同）。[13]

⑤ **対抗措置** パネル・上級委員会の勧告が妥当な期間内に実施されない場合、申立国は被申立国に対して譲許その他のWTO協定上の義務を停止する、すなわち対抗措置をとることができる。[14] DSUは対抗措置の実施のための要件を定めている。まず対抗措置をとるにあたり申立国はあらかじめその内容をDSBに提出し、承認を得なければならない。次に譲許その他の義務の停止のレベルは、申立国が被った利益侵害のレベルと同等のものでなければならない（同22条4）。DSBは、妥当な期間の満了後30日以内にネガティブコンセンサス方式によって対抗措置を承認する（同22条6）。[15]

（2）WTOの紛争解決手続の特徴 WTOの紛争解決手続は、GATTの紛争解決手続と比べても一般国際法上の国際裁判と比べても、大きな特徴がある。まず、WTO紛争解決手続の各段階には具体的な期限が設けられたため、手続が迅速に行われるようになった（手続の迅速化）。パネルの設置、パネル・上級委員会の報告書の採択、対抗措置の承認等のDSBの決定も、ネガティブコンセンサス方式の採用により、事実上自動的に行われることとなった（手続の自動化）。このような手続の迅速化・自動化の結果、WTOの紛争解決手続は最初から最後までスムーズに進み、比較的短い期間での紛争解決が可能となっている。また、GATTの紛争解決手続はパネル手続のみであったが、WTOの紛争解決手続は常設の上級委員会を設け、上訴を可能としている。このような二審制は、他の一般国際法上の国際裁判にも類を見

▶13 被申立国が勧告を実施していない、あるいは実施のためにとった措置がWTO協定に適合していないと申立国が主張し、紛争当事国間で争いになった場合、その問題はパネルに付託され、パネルは付託された日から90日以内に報告を加盟国に送付する（同21条5）。

▶14 DSUは、DSBに対抗措置を申請する前に紛争当事国間で相互に受け入れることができる代償について交渉するよう規定している（22条2）。しかし、代償は任意であり、交渉期間も妥当な期間の満了後20日以内とされているため、実際には、代償のための交渉を経ずして対抗措置の申請をする場合が一般的である。

▶15 被申立国が申請された対抗措置の内容に異議を申立てる場合、その問題は仲裁に付され、仲裁判断は妥当な期間満了後60日以内に出される（DSU22条6）。この仲裁手続が行われている間は、対抗措置は承認されない。

コラム⑨-1 多数国間暫定上訴仲裁制度（MPIA）

上級委員会の委員の選出プロセスは、全加盟国のコンセンサスにより開始されるが、2017年からコンセンサスが得られず停止し、一部空席が続いていた。アメリカ等の一部加盟国は、上級委員会が上訴から最長90日間の審理期限を守らないことやDSU17条に反し事実認定も審査していること、さらに上級委員が任期満了後も上訴案件に関与していること等を上級委員会の権限踰越と批判し、選出プロセスの開始に同意しなかった。上級委員会は3名で1つの案件を担当するため、2017年の時点で即座に機能停止になることはなかったが、2019年12月に現職3名のうち2名の任期が切れ、新規案件の審理が事実上不可能となった。そこで2020年4月、EU等が主導し、上級委員会に代わる上訴手続として立ち上げたのがMPIAである。MPIAの参加国は、上級委員会の代わりにDSU25条に基づく仲裁を上訴手続として利用することができる。DSU25条は代替的な紛争解決の手段として、紛争当事国双方が合意することを条件に仲裁を利用することを認めている。MPIAではあらかじめ参加国により10名の仲裁人が選定され、紛争ごとに当事国間で仲裁手続に合意し、10名のなかからランダムに選出される3名の仲裁人が1つの案件を担当する。日本は2022年3月にMPIAに参加することを閣議決定し、WTOに通知した。2023年12月末の時点で53の国・地域が参加している。

MPIAにおける初めての仲裁判断が2022年12月に公表された。コロンビアによるEU産冷凍ポテトフライへのアンチダンピング措置について、EUが2019年11月にパネルの設置を要請し、2022年10月にパネル報告書が出された。コロンビアは上訴の意思を表明し、両者の合意に基づきMPIAを利用し、3人の仲裁人の決定から2か月程度で概ねパネル報告を支持する仲裁判断が出された。EUはこれを受け、短期間でMPIAの判断が出され、MPIAの利用によりパネル報告が無効になる事態を回避できることが証明されたと評価した。

ないものである。さらにWTOの紛争解決手続では、紛争当事国間の協議の後は一方当事国が相手国の同意なしにパネルの設置を要請することができ、紛争当事国双方の同意を提訴の前提条件とする一般国際法上の国際裁判と根本的に異なる。

WTOの紛争解決手続は、GATT時代と比べて実効性、公平性、信頼性が格段に増したと評価される。実際、加盟国間の多くの貿易紛争がパネル・上級委員会手続に付託され、解決されている。[16]

3　国際投資法の概要

今日、国際投資は貿易と並ぶ重要な国際経済活動である。国際投資は貿易と異なり、多角的な体制は構築されておらず、二国間投資協定（BIT）および投資章など投資条項を内包する投資条項付き協定（TIP）によって規律されている。2024年4月末の時点で、世界には2,835のBITと462のTIPが存在しているが、それらの中には多くの共通の規則・原則が見受けられる。

（1）**国際投資の保護**　伝統的に、国際投資は開発途上や政情不安の国・地域に行われる場合が多く、投資家がそうした国・地域に投資を行った後の投資財の安全を確保することは、投資家およびその本国にとって重要な問題であった。この問題は、一般国際法上の外国人及びその財産の保護の文脈で議論され、特に収用や国有化の際の、①公共目的であること（公益原則）、②合理的な理由なく特定の外国籍の財産のみを対象としないこと（無差別原則）、③収用財産に見合う補償を支払うこと（補償原則）[17]、の三原則が外国投資にも適用されていった。今日の投資協定にも①〜③が規定されており、加えて正当な法の手続に従うことが盛り込まれるのが一般的である。

（2）**国際投資の待遇に関する規則・原則**　国際投資にどのような待遇を与えるかはそれぞれの投資協定が決めることであるが、主に以下のような規則・原則が規定されている。

①**内国民待遇原則**　国際投資における内国民待遇原則は、投資家およびその投資財に対して、自国民や自国の企業に与えている待遇よりも不利でない待遇を与えることをいう。

②**最恵国待遇原則**　国際投資における最恵国待遇原則は、投資家およびその投資財に対して、第三国の投資家およびその財産に与えている待遇よりも不利でない待遇を与えることをいう。

③**公正かつ衡平な待遇**　多くの投資協定の中で、投資家およびその投資財に公正かつ衡平な待遇を与える義務を規定している。その具体的な内容については争いがあり、それぞれの協定の規定の仕方や個々の事件の具体的な状況に応じて内容が決まると解されている。

④**アンブレラ条項**　投資家個人と投資受入国との間で締結する**コンセッション**[18]が受入国政府によって一方的に破棄されることがないよう、投資協定の中で受入国政府が投資家に対して負う義務を履行するよう義務づける条項である。

⑤**パフォーマンス要求の禁止**　投資受入国が投資家の投資の開始や継続を認可するにあたり、その内容に特定の条件を付けることを**パフォーマンス要求**[19]という。パフォーマンス要求によっては、投資協定の中で禁止されているものがある。

➡16　1995年1月1日のWTO設立から2023年12月末までの間に、621の協議が要請され、372のパネルが設置、191の上級委員会手続が行われた。GATT時代（1948年〜1994年12月末）は、197の協議が要請された。そのうち99件はパネル報告書の作成段階に至らず、98件のパネル報告書が作成されたが、17件はコンセンサスが得られず採択されなかった。設例におけるA国はB国との協議の後、当該紛争をWTOの紛争解決手続に付託することができる。

➡17　補償原則
具体的には「迅速、十分（あるいは適当）かつ実効的な補償」とされる。すなわち、補償は遅滞なく（適当な「利子」を含む）、収用時の投資財の公正な市場価値に相当し（「純利益」を含む）、投資家本国の通貨またはその他の兌換可能な通貨によって支払われなければならない。

➡18　コンセッション
資源開発やインフラ整備などの分野における投資は長期間に及ぶため、投資家個人が受入国政府とその事業内容について具体的な権利義務を詳細に規定した契約を結ぶ場合が多い。こうした投資家個人と投資受入国との間で締結される投資契約をコンセッションと呼ぶ。

➡19　パフォーマンス要求
受入国内での生産について一定比率以上の自国産品の使用を義務付けるローカルコンテント要求、輸出制限要求、技術移転要求、自国民の雇用ノルマなどがある。

(3) **紛争解決**　国際投資をめぐっては、投資家と投資受入国との間で紛争が生じる可能性がある。投資受入国が投資協定に違反し、その結果、投資家が損害を被った場合である。そこで、投資協定は、投資協定上生じる投資家と投資受入国との間の紛争を解決するための規定（紛争解決条項）を盛り込むのが一般的である。

多くの投資協定は、投資家と投資受入国との間の投資紛争を国際仲裁に付すことを規定している。すなわち、投資協定の中であらかじめ投資家の本国と投資受入国の双方が、投資家個人が投資受入国を相手に国際仲裁を利用することに合意していることになる。したがって、投資家は投資受入国との間で紛争が生じた場合、その問題を国際仲裁に直接付託できるのである。どの仲裁手続を利用するかは、それぞれの投資協定が定めるものの中から投資家個人が選択する。最もよく利用されるのが、1966年に世界銀行のもとで設立された**投資紛争解決国際センター（ICSID）**[20]である。投資家本国と投資受入国の双方がICSIDの設立条約である投資紛争解決条約の締約国である場合、投資家は投資受入国との投資紛争をICSIDの仲裁に直接付託することができる。また、パリの国際商業会議所（ICC）やストックホルム商工会議所（SCC）、国連国際商取引法委員会の仲裁規則を指定する投資協定も多い。通常、仲裁廷は3名の仲裁人から構成され、投資家側が1名、投資受入国側が1名をそれぞれ任命し、仲裁廷の長は、紛争当事者間の合意、あるいはすでに任命されている2名の仲裁人の合意によって任命される。仲裁廷は、投資受入国の投資協定違反により投資家が損害を被ったと認定する場合には、受入国政府に損害賠償の支払いを命ずる。

投資協定の中に紛争解決条項を盛り込むことは、投資家の保護のためにも重要であるが、投資受入国にとってもメリットがある。すなわち、公平かつ信頼に足る実効性のある紛争解決手続が存在することは、投資家が安心して投資をする上で不可欠であり、これによって投資が増加する効果も期待でき、結果として投資受入国の経済発展にも資するのである。

➡20　**投資紛争解決国際センター（ICSID）**
ICSIDの仲裁廷は、投資家と投資受入国が合意する単数又は奇数の仲裁人によって構成される。各締約国が仲裁人名簿のために4人を指名し、これに基づきICSIDが仲裁人名簿を作成するが、仲裁人は仲裁人名簿以外から選ぶこともできる。

コラム❾-2　WTOと地域経済統合

WTOが多角的な貿易体制を敷いている一方で、今日、世界には多くの二国間あるいは地域間の自由貿易協定（FTA）や経済連携協定（EPA）が存在している。FTAは2以上の国や地域との間で通商上の障壁を軽減・撤廃し、物品およびサービス貿易の自由化を推進するものである。EPAはFTAの要素に加えて、投資や知的所有権の保護、競争政策など幅広い分野での連携や協力により二国間や地域間での関係強化を図るものである。WTOはこうした地域経済統合を、①域内では関税その他の貿易障壁を撤廃すること、②域外に対しては貿易障壁を引き上げないことを条件に基本原則の例外として認めている。FTA・EPAによってその域内の経済が発展すると域外との貿易も盛んになり、結果として世界全体の経済レベルが引き上げられるため、WTOの目的に適うのである。またFTA・EPAの自由化ルールは、WTOの自由化ルールの指針ともなり得るので、WTOの自由化が促進されることも期待されている。

日本も多くの国・地域との間でFTA・EPAを結んでいる。「環太平洋パートナーシップに関する包括的及び先進的な協定（CPTPP）」は、物品の貿易のみならず、サービス・投資の自由化、知的財産権、金融サービス、国有企業の規制等幅広い分野をカバーする経済連携協定である。2024年12月にイギリスが正式に加入したことにより、5大陸にまたがる12ヵ国に広がっている。また、特に2019年2月に発効した「日本・EU経済連携協定」は、巨大市場EUとの間で高度な貿易の自由化を推進する先進的な協定と評価されている。本EPAは物品の貿易の他に、サービス貿易・投資の自由化・電子商取引、SPS、TBT、知的財産権の保護、原産地規制、政府調達、紛争解決などを含んでいる。物品の貿易については、EU側の関税の約99%を、日本側の関税の約97%を撤廃した。これと非関税障壁の削減と合わせて、2022年の段階で、統計上、物品の貿易は約20%、サービス貿易は約23%増加した。また紛争解決手続として、協議、仲介、3人の仲裁人からなるパネル手続を規定している。

国際法は気候変動問題を解決できるのか？

設例 世界では温暖化による海面上昇で土地を追われる人々がいる。日本でもゲリラ豪雨や猛暑日の増加、適作地の変移、漁獲量の減少等が指摘される。2023年7月、グテーレス国連事務総長は、同月の世界の平均気温が過去最高となることを受けて「地球沸騰化の時代」と警告し、同年末の**締約国会議（COP28）**では「化石燃料からの脱却」を図る合意がされた。**世界気象機関（WMO）**は、2024年3月に、前年の平均気温が観測史上最高で産業革命前の平均を約1.45度上回ると発表した。**気候変動に関する政府間パネル（IPCC）**は、平均気温2度の上昇で99％以上のサンゴが死滅する等のリスクを予測する。国際法は、気候変動問題解決に向けていかなる仕組みをもつのか、気候変動問題を解決できるのか？

1 気候変動問題と国際環境法

　地球環境は、太陽までの距離や大気構成をはじめ、我々生物の生存を支える極めて偶然のバランス下にある。大気のオゾン層は、生物の細胞を傷つける紫外線の大半を吸収する。二酸化炭素や水蒸気等の温室効果ガスは、太陽光や地表からの赤外線を吸収し、温室の機能を果たすことで、地表平均気温を15度に維持するため重要な役割を演じる。現在、人類は、自然システムが平衡を保てる量を超えるペースで二酸化炭素等の温室効果ガスを排出し、気候変動を惹き起こしている。国際法は気候変動問題にどのように対処しているのか。

　気候変動問題は、主に「国際環境法」の重要課題と位置づけられる。国際環境法は、その名の通り、環境問題に関する国際法の総体である。国際水路の航行や漁業権等、限定的な分野の条約は19世紀から存在し、また20世紀前半の**トレイル熔鉱所事件**に代表される隣国間の越境汚染をめぐる紛争があった（⇒本書❼1）。国際環境法は、個別国家間の利害調整に加え、大気保護、生物多様性等、**国際公共価値**としての環境を保護・保全する法を含む形で展開した。特に1972年以降の条約形成や環境問題に取組む国際組織の発展は著しい。

　気候変動問題の重大さは日々議論されている。世界は現在、後述の気候変動枠組条約体制の下、産業革命以前からの温度上昇を1.5度以内に留めようしている。産業革命は、従来の手工業を機械制大工業へ転換させ、大量生産を可能にすると同時に、石炭や石油等化石燃料に大きく依存する社会へ移行させた。それは、交通網・貿易の発展により欧州で産まれた国際法の普遍化を海外資源の獲得や植民地化を通じて支え、また、国際法を質量共に発達させた。第二次世界大戦後も、特に先進国では経済成長を至上命題として森林を伐採し、工業化と都市化を進め、これを支える大量生産・大量消費・大量

➡1　COP・WMO・IPCC
締約国会議（Conference of the Parties：COP）。IPCC（Intergovernmental Panel on Climate Change：気候変動に関する政府間パネル）は、政府に対し、気候政策の策定に利用できる科学的情報の提供を目的とする政府間組織である。IPCCは、気候に関する科学論文の評価に基づき気候変動の要因、影響、将来予測等の包括的な分析結果を提示し、国際気候交渉に科学的知見を提供する。WMO（World Meteorological Organization：世界気象機関）とUNEP（United Nations Environment Programme：国連環境計画）により設置された。

➡2　トレイル熔鉱所事件
カナダのトレイルにおける民間企業の熔鉱所が排出する煤煙により、米国ワシントン州の農作物や森林に損害を発生させた。仲裁裁判所は、いかなる国も、他国の領域・財産・人身に対し煤煙による損害を惹起するような方法で自国領域を使用したりその使用を許したりする権利を有しないとして、カナダの領域使用管理責任に基づく義務違反を認定した（1938年4月16日中間判決、1941年3月11日最終判決）。

➡3　国際公共価値
第二次世界大戦後、特に1960年代以降、人権、環境、経済、軍縮、宇宙等の各分野で国際社会全体が共有する利益・価値の実現を目指す多国間条約が多く策定されてきた。これらの条約は、権利義務の交換による相互主義が強く働く伝統的な二国間条約と対置される。条約が目指す国際公共価値と他の公共価値（たとえば、環境保護と自由貿易の促進）との調整も問題となる。

廃棄型ライフスタイルが、人口増加を伴い自然破壊と公害問題を進行させた。

　1972年のストックホルム人間環境会議は、国際社会が環境問題の重要性を認識し始めた歴史的転換点である。しかし、気候変動問題が注目されたわけではない。会議は、酸性雨や化学物質による海洋汚染等、公害問題の国際性に着目した。日本の水俣病も取り上げられ、その名は世界に知れ渡った。開発と環境保護との調和の必要性を強調した本会議で採択された人間環境宣言は、環境を人間の福祉、人権、生存権の享受に不可欠なもの、また現在・将来世代のための環境保護と改善を至上目標と位置付けた。これを契機に地球環境を共通利益と捉えるようになってきた。

　人間環境宣言は、**領域使用の管理責任の原則**も確認する。国家は、排他的な**領域主権**（⇒本書❼２）に基づき、自国領域を自由に利用できるが、他国の国際法上の権利侵害結果を発生させないよう配慮しなければならない。国家自身の活動による被害はもちろんのこと、自国領域内の私企業に対する規制態様が「相当の注意義務」に違反して、その結果、他国に損害を与えた場合には、**国家責任**（⇒本書❷４）が成立し、被害国に対する金銭賠償等責任解除の義務を負う。

　しかし、気候変動問題については、**海面上昇**によるツバル等の島嶼国の領土喪失といった「損害」を仮に観念しても、温室効果ガスの排出は経済活動に不可避であると同時に、どの排出行為が当該「損害」を発生させたのか因果関係の特定が困難である等の課題が立ちはだかる。不特定多数の経済活動による累積的効果が原因である地球環境問題について、事後の対応を中心とする国家責任法は十分な効果を発揮し得ない。そこで、環境危険を事前に予防するための多数国間条約の整備が目指された。国際社会は、国家主権に基づく国際社会の基本構造を前提としつつも地球環境問題を「人類共通の関心事」と位置づけ、国際社会全体の利益の存在を示そうとしている。

➡4　ストックホルム人間環境会議
1972年6月にストックホルムで開催された人間環境の保護をテーマとした国連主催の国際会議である。26項目の環境保護に関する原則を含む「人間環境宣言」や、問題解決のための行動に関する「人間環境に関する行動計画」等が採択された。なお、宣言と行動計画を実施するため、国連総会は同年にUNEPを総会の補助機関として設置した。UNEPは、国連関連機関の環境に関する活動の調整や、未着手問題への対応の国際協力を推進する。また、生物多様性条約やワシントン条約をはじめとする環境条約の事務局の機能を担う。

➡5　領域使用管理責任の原則
ストックホルム人間環境宣言原則21は、領域使用管理責任を拡大する形で規定する。つまり、「自国の管轄又は管理の下における活動が他国の環境又は国の管轄外の地域の環境を害さないことを確保する責任を負う」とし、「領域」に限らず「管理下」における活動、また「他国」に限らず「国の管轄外の地域」への損害防止を求める越境環境損害防止義務を規定する。

➡6　海面上昇
ツバルは、「水没する国」としてよく取り上げられるが、日本も海面上昇の深刻な影響を受ける。たとえば、海面上昇により、低潮線が現在の位置より高くなり、基線に基づく領海をはじめとする海域幅に影響を及ぼす（⇒本書❽）。

コラム❿-1　REDD＋（レッドプラス）の展開と先住民族の権利

　COPを通じて策定されてきた途上国の森林管理を通じた気候変動対策であるREDD＋は、パリ協定では5条2でその実施・支援の行動が奨励される。気候変動枠組条約が採択された1990年代当初は、気候変動問題に対する先進国の責任を強調し、排出削減対策も先進国のみ実施すべきとの途上国の姿勢が強かった。これは、共通だが差異ある責任原則に関して、先進国と途上国との二分法を徹底する考え方である。しかし、途上国に集中する熱帯雨林の伐採による温室効果ガス排出・吸収への対応の必要性や、その費用対効果の高さ、また温暖化問題に対する共通責任の認識強化により、途上国の能力、状況に応じた任意の取り組みとしてREDD＋を導き出した。

　REDD＋は、土地利用方法の変更を伴うため、先住民族の先祖伝来の集団的な土地・文化に対する権利等に影響を与える。実施のルールには、先住民族の権利保護に関する「自由意思に基づく事前のインフォームドコンセント」をはじめとするセーフガード措置があるが、たとえば、移動耕作等の伝統的な土地利用方法が政府により一方的に処罰の対象とされる問題や、政策策定に際して、先住民族・地域住民の参加が不十分であるという課題が指摘される。仮に地域集団の代表者等の参加が認められても、参加時間・費用確保の課題や、さらには、そもそも「炭素」概念を始め気候変動や関連政策を十分に理解しているわけではない人も多く、「意義ある参加」となり得ない課題もある。このような気候変動政策自体の人権課題が存在すると同時に、西欧由来の個人主義的思想に重きを置く国際人権法が、たとえば、先住民族の集団的権利を法的に捉えきれていない課題もある。

2 気候変動枠組条約体制の構築と発展

(1) **気候変動問題に関する国際的対応の始動**　ストックホルム会議が求めた経済成長と環境保護の調和は、「**持続可能な開発**」概念に結実し、気候変動枠組条約や生物多様性条約等の地球環境条約を始め、目標や原則として国際法の各分野に取り込まれた。世界は「持続可能な開発」を標榜してきたが、国際法を通じた気候変動対策は、どのように展開してきたのだろうか。

1988年には、WMOとUNEPが気候変動について最新の科学的知見を提供するIPCCを設置し、国連総会が設置した政府間交渉委員会は、1992年5月に「気候変動に関する国際連合枠組条約」（気候変動枠組条約）を採択した。1992年6月にリオデジャネイロで開催された国連環境開発会議は、1972年の人間環境宣言の重要性を確認し内容を発展させるため**リオ宣言**を採択し、また気候変動枠組条約も各国による署名のために開放された（1994年3月発効）。この条約体制の具体的仕組みや特徴・機能をみながら、未だ気候変動問題への取組みが必要とされる理由を考えていこう。

(2) **気候変動枠組条約を通してみる枠組条約の性質**　気候変動枠組条約は、2024年8月現在、日本を含めた197カ国とEUが当事者である。条約の究極目的は、「気候系に対して危険な人為的干渉を及ぼすこととならない水準において大気中の温室効果ガスの濃度を安定化させること」である。この目的を「生態系が気候変動に自然に適応し、食糧の生産が脅かされず、かつ、経済開発が持続可能な態様で進行することができるような期間内」に達成しようとしている（2条）。

この条約は、名前の通り「**枠組条約**」方式をとる。この方式は、目標、条約機関、国際協力を含む基本的義務、条約実施や交渉の基盤とすべき原則といった交渉の土台となる枠組のみ定め、条約機関であるCOPやその下部機関の議論と決議に基づき、より具体的な対応策を策定する。地球環境問題はできるだけ多くの国家の参加が必要であり、基本枠組のみ定めることは、複雑な利害関係の下でも多くの国の参加を得るための工夫である。条約機関の会議は、定期的に開催される。これは、環境問題の因果関係が複雑であり、科学的知見の進展を含む議論の展開を、柔軟かつ迅速に対策の具体化に反映させる必要に対応したものであり、継続的・動態的な交渉プロセスを生む。

COPは、最高機関と位置付けられる**条約機関**である。COPは、「条約及び締約国会議が採択する関連する法的文書の実施状況を定期的に検討し」、「その権限の範囲内で、この条約の効果的な実施を促進するために必要な決定を行う」（7条2）。議決は、**コンセンサス方式**を用いる。会議は決議を採択し、新条約にあたる議定書を採択することもある。**COP決議**（⇒本書❺2）を通じて、途上国の森林管理による気候変動対策である**REDD＋**や、資金制度も策定されてきた。

(3) **国際環境法の原則**　気候変動枠組条約は、条約目的に続き、締約国が、目的を達成し、条約を実施するための措置をとるに当たり指針とすべき原則として、共通だが差異ある責任、予防原則、持続可能な開発等の**国際環境法の原則**を規定する（3条）。たとえば、COPが決議を通じて新たな制度を策定するとき、これらの原則に沿った対応が求められる。

共通だが差異ある責任原則は、グローバルな環境問題に対する諸国の共通

→7　持続可能な開発
持続可能な開発（発展）は、「将来の世代が自己の必要性を充足する能力を損なうことなく、現在の世代が必要性を充足することのできる開発」を意味し、環境保護と経済開発の調和を図る概念として示された。1987年に「環境と開発に関する世界委員会」の報告書「われら共通の未来」を通じて世界的に共有された。2015年の国連持続可能な開発サミットでは、2030年目標として、持続可能な開発目標（Sustainable Development Goals：SDGs）が採択され、第13目標には「気候変動対策」が掲げられる。気候変動問題は、その他にも、たとえば、貧困、飢餓、健康と福祉、安全な水、クリーンなエネルギー、パートナーシップ（目標1, 2, 3, 6, 7, 17）等に密接に関連する。

→8　リオ宣言
前文と27の原則からなる環境と開発に関する基本理念・原則を規定する。持続可能な開発を実行するための主要な原則として、世代間衡平、予防的アプローチ、共通だが差異ある責任等を規定した。国連環境開発会議では、リオ宣言の実施計画であるアジェンダ21も採択された。

→9　枠組条約
条約の名称に「枠組（framework）」が付されていなくとも「枠組条約」であるものがある。日本が2019年に脱退した国際捕鯨取締条約（1946年）、その他にも、長距離越境大気汚染条約（1979年）、オゾン層の保護のためのウィーン条約（1985年）、砂漠化対処条約（1994年）などは、枠組条約である。

→10　条約機関
気候変動枠組条約では、COP以外にも、「事務局」、「科学上及び技術上の助言に関する補助機関」そして「実施に関する補助機関」が設置される（8, 9, 10条）。COPをはじめとする条約機関の具体的な権限や開催の期間・頻度は、条約ごとに異なる。なお、環境条約は、国家や国際組織のように国際法人格をもたないが、最高機関、補助機関、事務局の存在など国際組織に近い性質をもつ（⇒本書❺）。

→11　コンセンサス方式
コンセンサス方式は、議案に対して反対者がなくなるまで協議・調整を行い、反対者がいないことを確認して採択する。投票を行うものではない。全当事国の賛成を要し、1国でも反対があれば否決される「全会一致」制とは異なる。

の責任を認識すると同時に、問題への寄与度や資金・技術力に基づく権利義務の差異化を指示し、途上国と比べ先進国により重い負担を課す。現在では、先進国と途上国の旧来の固定的区分の再考が必要となっている。予防原則（⇒本書❽1）は、「深刻な又は回復不可能な損害のおそれがある場合には、科学的な確実性が十分にないことをもって、このような予防措置をとることを延期する理由とすべきではない」と規定される（3条3）。

（4）　条約の実体的義務と手続的義務　気候変動枠組条約は、前文と1～26条の本文に加えて、国家をそれぞれ列挙する**附属書Ⅰ**と**附属書Ⅱ**をもつ。両附属書を通じた締約国の分類は、共通だが差異ある責任原則を反映した条約採択時の状況に基づく差異化である。附属書Ⅰ国には緩和措置の義務が課され（4条2（a））、附属書Ⅱ国には途上国に対する資金供与・技術提供の義務（4条3、同条5）等が課される。これら附属書は、京都議定書における排出削減義務等における差異化にも利用された。すべての締約国は、温室効果ガス目録の作成・定期更新・公表・COPへの提供、また気候変動の**緩和・適応**措置を含む国家計画の作成・実施・公表等が義務付けられる（4条1）。他方で、4条2（b）は、附属書Ⅰ国の義務として、緩和措置に関する詳細情報のCOPへの定期送付を求める（国家報告制度）。国家報告制度は、国内実施に関する送付情報がCOPの権限の下、公の場で検討され、義務遵守に向けた事実上の力が作用する環境条約の特徴の1つである。

3　京都議定書

日本が開催国を名乗り出て京都で開催されたCOP3採択の議定書は、その開催地名を冠した（「気候変動に関する国際連合枠組条約の京都議定書」）。議定書は、2005年2月に発効し、同年、COP11と第1回目のCMPの同時開催となった。

議定書は、先進国（枠組条約の附属書Ⅰ国）が、温室効果ガスを1990年比で少なくとも5％削減する2008～2012年の約束期間を設け、先進国に対し数

ネガティブコンセンサス方式⇒本書❾。

➡12　REDD＋
REDD＋は、Reducing Emissions from Deforestation and Forest Degradation and the Role of Conservation, Sustainable Management of Forests and Enhancement of Forest Carbon Stocks in Developing Countries（途上国における森林減少・森林劣化に由来する排出の抑制、並びに森林保全、持続可能な森林経営、森林炭素蓄積の増強）の略称である。途上国が森林管理政策を策定・実施し、温室効果ガス排出削減分をクレジットとして削減目標達成に必要な国家が購入する。コラム❿-1も参照のこと。

➡13　国際環境法の原則
指針を示す「原則」に対して、名宛人の具体的な権利義務を規定する「規則」を観念できる。本文で取り上げたもの以外にも、たとえば、汚染の除去・防止に関する費用の生産・消費コストへの内部化（環境負荷に対する費用、環境汚染防止のためのコストを、経済活動・市場価値に組み込むこと）を求める「汚染者負担」の原則、将来世代が環境・資源を享受できるように現在世代による環境保護・保全を求める「世代間衡平」等が国際環境法の原則としてあげられる。

➡14　附属書Ⅰ・附属書Ⅱ
附属書Ⅰは条約採択当時の、OECD諸国と市場経済移行国からなる。なお、市場経済移行国と

コラム❿-2　日本の地名を冠する環境条約

条約は、これを採択した会合の開催地名が名称に付されることがある。その場合、条約の正式名称に地名が付され、その略称・通称に地名が入るもの（たとえば、本文で取り上げた京都議定書）、他方で正式名称には地名が付されないものの、地名を用いた通称が用いられるものもある（たとえば、「特に水鳥の生息地として国際的に重要な湿地に関する条約」は「ラムサール条約」と呼ばれる）。なお、会合開催地国が議長国となることが多い。通称名に「ウィーン」や「ハーグ」の地名が用いられる条約は多く、文脈とともに正式名、通称名、略称名の確認が欠かせない。

日本の地名を冠する環境条約として、京都議定書以外にも、「生物の多様性に関する条約の遺伝資源の取得の機会及びその利用から生ずる利益の公正かつ衡平な配分に関する名古屋議定書」や「水銀に関する水俣条約」等があげられる。

生物多様性条約は、生物多様性の保全、その構成要素の持続可能な利用、遺伝資源の利用から生じる利益の公正かつ衡平な配分を目的とした枠組条約である。2010年に名古屋市で開催された第10回締約国会議で、遺伝資源取得の機会とその利用から生ずる利益の公正・衡平な配分がなされるよう、遺伝資源の提供国と利用国による立法措置や情報共有等を規定する同議定書が採択された。

水俣条約は、2013年に水俣市開催の外交会議で採択された枠組条約である。水銀について新規鉱山の開発禁止、条約発効後15年での既存鉱山からの採掘廃止、水銀製品の製造・輸出入・廃棄等を規制する。2017年の発効後、たとえば、2027年末以降の蛍光灯製造禁止等を決めてきた。

は、旧ソ連や東欧諸国等、社会主義体制の崩壊後に市場経済体制に移行過程にある国を指す。附属書Ⅱは、当時のOECD加盟国からトルコを除いた国に相当する。

→15 緩和・適応
気候変動対策は、温室効果ガスの排出量を削減・抑制する「緩和」と、気候変動の影響による被害を回避・軽減し、また影響を利用する「適応」の2つに分けられる。

→16 CMP
京都議定書締約国会合（CMP：Conference of the Parties serving as the meeting of the Parties to Kyoto Protocol）。

→17 柔軟性措置／京都メカニズム（共同実施・クリーン開発メカニズム・排出量取引）
京都メカニズムは、先進国の排出削減目標達成を容易にし、柔軟性措置とも言われる。共同実施は、附属書Ⅰ国が、他の附属書Ⅰ国において、排出削減または吸収強化に関する事業を実施し、削減又は吸収分を排出枠として移転させる（6条）。クリーン開発メカニズム（正式名称「低排出型の開発の制度」）は、附属書Ⅰ国が、非附属書Ⅰ国において排出削減または吸収強化に関する事業を実施し、削減又は吸収分を排出枠として移転させる（12条）。排出量取引は、削減義務を課された先進国の間で、余剰排出枠の移転を認める（17条）。

→18 ICAO・IMO
国際民間航空機関（ICAO：International Civil Aviation Organization）は、世界の国際民間航空の安全かつ整然たる発展の確保を目的とする国際組織である。理事会が策定する国際標準・勧告方式を通じて、航空分野の統一的規範策定を行う。国際海事機関（IMO：International Maritime Organization）は、船舶の安全、船舶による海洋汚染の防止等、海事分野の国際協力を促進する国際組織である。いずれも国際連合の専門機関である。

量化された削減目標を定めた（3条）。対象ガスは議定書の附属書Aに規定され、日本の6%削減を含めた目標は議定書の附属書Bに規定された。達成に向けた措置は、各国の裁量による（2条）。議定書の特徴として、上記先進国の削減目標に加え、**柔軟性措置**や**京都メカニズム**と呼ばれる「**共同実施**」、「**クリーン開発メカニズム**」、「**排出量取引**」があげられる。

京都議定書は、当初、2012年までの期間目標を設定していた。COP17（2011年）では、第2約束期間を設定する合意に至ったが、排出量が増加する新興国に排出削減義務が課されない制度に対して反発し、日本、カナダ、ニュージーランド、ロシアは不参加を決めた。なお、第2約束期間（2013年1月から2020年末）を設定する議定書改正案は、2012年に採択されたものの、当初、必要国数の批准が足りず、結局2020年12月31日に発効し、同日終了した。京都議定書は、米国の批准を得られなかったこと、ロシアが特別の取組みがなくても達成できる削減目標となったこと、上述の第2約束期間の問題、また当時から多くの温室効果ガスを排出していた中国やインドに削減義務が課されなかったこと等から実効性に対して疑問が呈された。

4　国際航空と国際海運由来の温室効果ガス排出規制

国際航空と国際海運由来の温室効果ガス排出量は、グローバル化に伴う輸送量拡大により増加している。京都議定書は、先進国に対して、**ICAO・IMO**を通じて、航空・海運に用いられる燃料由来の排出抑制・削減の取組みを求めた（2条2）。

ICAOは、国際航空向けカーボン・オフセットおよび削減スキーム（CORSIA）という市場メカニズム制度を策定し2021年から、同制度に加入する国家間のルートを飛ぶ飛行機の運航者が、排出分を相殺する取組みを実施している。IMOもマルポール条約の改正を通して船舶に対して低排出型の構造を求める等して国際海運由来の温室効果ガス削減に取組んでいる。なお、両組織とも目標や計画を設定・改定し、2050年を目途とした温室効果ガス総排出量ゼロを目指し、次のパリ協定の目標との調和を図っている。

5　パリ協定

2015年のCOP21で採択されたパリ協定（2016年11月発効）は、世界全体の平均気温の上昇を産業革命前よりも2度高い水準を十分に下回るよう抑えるとともに、目標達成のため、21世紀「後半に」温室効果ガスの排出と除去の均衡達成を掲げるが（4条1）、COP26（2021年）のグラスゴー合意は、1.5度目標の追求と併せて今世紀「半ばまで」に、総排出量ゼロを目指す姿勢を示した。IPCC第6次報告書（2021年）は人間活動が温暖化の原因である可能性は「疑う余地がない」と断定的表現を用い、国際社会において危機意識が以前より共有され、時間的猶予の短縮・具体化につながった。

パリ協定も、従来のように条約実施における指導原則として共通だが差異ある責任原則を規定するが、「各国の異なる事情に照らした共通に有しているが差異のある責任及び各国の能力に関する原則」（2条2）と示される。国際社会の状況の変化に応じて、各国の能力・状況に重きを置くことで相対的に歴史的責任の強調の程度が弱くなっている。パリ協定は、条文上「先進締約国」と「開発途上締約国」として、国家の発展状況に応じた区分を規定す

るが、従前のような国家の具体的列挙はない。そして、排出削減義務を負う国と負わない国という区分を設けず下記のような仕組みをもつ。

すべての締約国が、NDC[19]として削減目標等の作成・提出・維持を求められ、「貢献」の目的を達成するための国内措置を実施する（4条2）。そして、パリ協定締約国会議は、グローバルストックテイク[20]を2023年以降5年ごとに行い（14条）、各締約国は、直前のNDCを超える前進を示し、5年ごとに新たなNDCを通報する（4条3、9）。2023年のグローバルストックテイクでは、世界の平均気温の上昇を産業革命前に比べ1.5度に抑えるには現在の各国の政策は不十分であることが示された。そして、同年のCOP決議は、「化石燃料からの脱却」を図ることに初めて言及した。なお、協定の実施と遵守促進のため（15条）、遵守委員会[21]は、NDCの通報・維持等の義務の不遵守国と課題特定のための対話、課題解決のための勧告等を行う。緩和・適応策を講じても発生する気候変動の影響による損失と損害[22]への対応についても（8条）、途上国の中でも特に脆弱な国々を受け手とする基金の設立・運用化が決まった。

6　気候変動問題に取り組む国際法の課題

人類は、経済活動を通した温室効果ガスの排出や温暖化への適応・強靭性に関して大きな転換が必要だが、その具体的手法の確立には未だ大きな課題がある。気候変動に関しては、問題への寄与度が低く、その影響に対して脆弱な人々に最も大きな悪影響を与えることを忘れてはならない。

1972年以降、国際社会は地球環境問題に取り組む重要性を認識してきたが、未だ経済活動により生じる環境負荷を十分に考慮した費用の内部化を法制度やその運用に反映できていない。国際法学は、大量生産・大量消費・大量廃棄を中心とする先進諸国の経済成長手法の拡大を支えながら学問として発展してきた。しかし、学問対象の国際法自体が抱える問題として、自然と切り離された人間中心的な視点の変化も求められるのかもしれない。

➡19　NDC
国が決定する貢献（NDC：Nationally Determined Contribution）。

➡20　グローバルストックテイク
IPCCの評価報告書や提出されたNDCの情報等に基づき、協定の目的・長期目標の達成に向けた世界全体の実施状況の検討・進捗評価を行う。グローバルストックテイクの結果を踏まえて、各国は内容を更新・強化した2025年の次期NDCを提出することが求められる。

➡21　遵守委員会
気候変動枠組条約体制をはじめとする多数国間環境条約は、不遵守手続を設け、実施能力の不足を補う援助や、場合によっては制裁的措置により条約不履行に対応して環境保護に関する国際社会の共通利益の保護を試みる。

➡22　損失と損害
気候変動の悪影響（暴風雨等の極端な気象事象や海面上昇といった緩やかに進行する事象等）に伴う「損失と損害」への対策は、「緩和」と「適応」に続く気候変動対策の第三の柱といわれる。経済的損失に加え、非経済的損失（たとえば、文化的アイデンティや伝統的知識の喪失）への対策を含む。「損失と損害」の明確な定義は条約上ないが、「損失」は不可逆的な性質、「損害」は賠償・修復が可能な性質とする考え方がある。

コラム⑩-3　気候難民問題への対応

気候変動の影響による海面上昇や高潮、異常気象、紛争の悪化等で居住地を追われるいわゆる気候難民への国際的対応が大きな課題である。オーストラリアのシンクタンクIEPは2021年、気候変動関連の異常気象等の影響で居住地を追われる人が2050年までに12億人に上ると予測した。また、国連難民高等弁務官事務所は、気候難民の多くが国内避難の形をとるという。

難民の地位に関する条約と議定書（1951年・1967年）が、難民の国際的保護を規定するが、そこで「難民」とは、「人種、宗教、国籍、特定の社会的集団の構成員であること、政治的意見のいずれか（又は複数）を理由として迫害を受けるおそれがあるために、国の保護を受けられないか又は保護を受けることを望まず、国外に逃れている人」とされる。気候難民の保護との関係では、条約・議定書が「逃れる要因」として「自然災害」を規定していない点や、「国外」要件により「国内避難民」が射程外となる点等が障壁となる。また、実態として、人の避難要因は複合的であり「気候変動」を他の要因から区別することが困難という問題もある。気候変動枠組条約体制では、気候難民の保護に特化した制度は具体化していない。

このような中、アフリカ地域では、地域固有の事情を考慮した1969年のアフリカ難民問題条約がある他、2009年にはカンパラ条約が採択された。後者は、国内避難民の保護と援助提供を目的とし、自然災害による移住に関しても締約国に対してその保護と人道的援助の提供を義務付ける。気候変動の悪影響が深刻化しており、地理的・文化的に連続した隣国での気候難民に関する協力的対応が、今後より重要な課題となる。

11 人権は国境を越えるか？

> **設例** ヨーロッパを旅行していたAさんは、現地の警察から身に覚えのない理由で逮捕・勾留されてしまった。取り調べの最中にも、人種差別的な言葉を何度も投げかけられたほか、外部との接触も大きく制限され、弁護士や通訳の手配にも大きな支障が生じた。拘置施設の環境も劣悪で、非人道的な取り調べに憤ったAさんは、人権侵害の救済を求めて現地で裁判を起こしたが、訴えは退けられてしまった。その後Aさんは、この国がいくつかの人権条約を締結していたことを知ったが、この件を国際社会に対して訴えることができるだろうか。

1 国際人権法の展開

(1) 歴史 20世紀初め頃まで、原則として人権は各国の国内問題として扱われていた。しかし、第二次世界大戦が始まると、国内の人権を抑圧するような国は、国際社会のルールも尊重せず、侵略や破壊行動に出る危険があることが明らかになった。そのため、全体主義のイタリア・ドイツ・日本といった枢軸国に対抗するべく、連合国は国際社会全体における人権保護を強化する必要があると考えた。すなわち、国際社会の平和と安全を守るためには、各国の国内で人権を保障する体制が整っていなければならないという結論に達したのであり、これは国連の創設時にも意識された（たとえば国連憲章1条3項）。その後、1948年に国連総会で**世界人権宣言**が採択された。

次に、普遍的な人権条約である国際人権規約の起草が進められたが、これには時間を要した。最も重要な争点の1つは、市民的および政治的権利（自由権）のみならず、経済的・社会的および文化的権利（社会権）も規約に盛り込むか否かであり、西欧やアメリカ合衆国を中心とする西側諸国と、ソ連などの東側諸国などの間に意見の大きな隔たりがあった。西側諸国は、市民的・政治的権利は内容が明確で即時に実施可能であるのに対して、経済的・社会的および文化的権利はそうではないと考えて、1つの条約として起草することに難色を示した。他方で、東側諸国や発展途上国などは、すべての人権は車の両輪のようなものであり、規約から社会権的権利を除外することに抵抗した。最終的には、2つの条約に分けることで合意が得られ、1966年に**自由権規約**（市民的及び政治的権利に関する国際規約）と**社会権規約**（経済的、社会的及び文化的権利に関する国際規約）が国連総会で採択された。

普遍的な人権条約以外に、テーマごとに特化したものも作られた。人種差別撤廃条約（1965年、以下すべて採択年）、女子差別撤廃条約（1979年）、児童の権利に関する条約（1989年）と障害者権利条約（2006年）は、特定の主体に着目して差別を禁止したり、各種権利・自由の拡充を図ったりしている。拷問等禁止条約（1984年）と強制失踪条約（2006年）は、人身の自由を詳し

く取り上げている。自由権規約と社会権規約と合わせて、上述の8条約は概ね多くの国が締結しており、日本もこれらすべてについて批准ないし加入をしている。

他にも、ジェノサイド条約（1948年）や難民条約（1951年）といったものも、国際的な人権保障と密接な関わり合いがある。とりわけ、拷問等禁止条約、強制失踪条約やジェノサイド条約については、深刻な人権侵害を防止することにも重点を置いており、国際刑事法との関係が深い（⇒本書⑫1）。

これらに加えて、一部の地域においては、価値観や文化の近い国同士の間に地域的人権条約が結ばれた。欧州人権条約（1950年）は、ヨーロッパの国々において人権保障を一層推し進めるのに重要な役割を担っており、各国は欧州人権裁判所が下した判決についても履行する義務を負う。これをモデルとして、後に米州人権条約（1969年）が採択され、中南米の多くの国が批准・加入しているが、カナダとアメリカ合衆国は加盟国となっていない。1981年にはアフリカ人権憲章（バンジュール憲章）も採択された。しかし、日本を含むアジア地域には、現時点でこれらに相当する地域的人権条約が存在せず、2012年にASEAN人権宣言が採択されただけに留まる。

こうして、人権の保障が国際社会の平和と安全の維持に繋がるという認識の下に、多くの人権に関する条約が出来上がると、人権は国内管轄事項から国際関心事項となった。2005年には、国連の活動に人権の視点をより多く盛り込む「人権の主流化」が提唱され、翌年には国連人権理事会が設置されるなど、その動きは更に加速している。よって、他国から人権問題の指摘を受けた国は、内政不干渉の原則をもち出して批判を免れることができなくなりつつある（⇒コラム⑪-1）。

（2）人権の「世代」　自由権規約と社会権規約が起草されていた1960年代までは、人権は表現の自由や人身の自由といった市民的および政治的権利と、社会保障に対する権利や労働基本権を始めとする経済的・社会的および文化的権利に大別されてきた。これらは、主に欧米の憲法の文脈で発展した

→1　8条約
これに加えて、1990年には「全ての移住労働者及びその家族の権利の保護に関する国際条約」が採択され、これを含めた9つの条約が特に重要な国際人権条約だとしばしば言われる。ただし、この移住労働者権利条約を批准しているのは、移民を送り出す側である発展途上国の一部に留まり、移民を受け入れる側の先進国は1つも入っていない。

→2　欧州人権条約
日本は欧州人権条約の締約国ではなく、そもそも加盟することもできない。しかし、欧州人権裁判所の判例は、しばしば先進的な内容を含んでおり、他の国際人権条約の条約実施機関や、欧州以外の国内裁判所の動向にも影響を与えることも多い。日本も例外ではなく、裁判所が「諸外国の流れ」として欧州人権条約と欧州人権裁判所の判例に言及する例がある。

→3　欧州人権裁判所
冒頭の例に挙げたAさんも、日本人である（欧州人権条約の加盟国の国民ではない）としても、条件を満たせば欧州人権裁判所に訴えることができる。

コラム⑪-1　人権は本当に普遍的な国際法規範なのか

人権は、歴史的にはイギリスやアメリカなどの西欧で生まれたものであり、その根底にはキリスト教に端を発する哲学があった。国際人権法の誕生と発展も西側諸国が主導してきたが、東側諸国や非キリスト教圏の国々の反発を招いた。とはいえ、「人の生命を恣意的に奪ってはならない」「差別をしてはならない」といった大まかな枠組みについては、どの国も比較的受け容れやすいものであった。だからこそ、世界人権宣言が国連総会で採択された際に、反対する国は1つも出なかった。これを受けて、国際社会においては人権の普遍性を確認する決議が、「ウィーン宣言および行動計画」など数多く採択されている。

それから70年以上が経ったが、国によって具体的な人権保障の水準には少なからず差異があり、国際社会全体で一定のレベルを確保するのは難航している。更に、近年は人権を軽視する国による行動が目立つという指摘もある。ロシアのウクライナ侵攻に伴う拷問や子供の拉致、アフガニスタンにおけるタリバンの女性に対する厳しい締め付けなど、枚挙にいとまがない。先進国でも、アメリカの人種差別は今なお厳然と残っており、イギリスの社会保障制度は今や崩壊状態に近い。日本でも、性差別や外国人差別などを国際社会から度々批判されている。そう考えると、国際社会では人権が守られていないという印象を抱く人も少なくないだろう。

ただ、発展途上国や権威主義的な国でさえ、国内において人権は保護されていると主張しており、批判に対して必死に反論しているという点は、注目に値する。これは裏を返せば、どの国も人権保障の重要性を認めていることを意味しており、人権が国際社会全体で普遍的な規範となっていることを示しているからである。よって、約80年にわたる国際人権法の歴史は、大きな意味をもっているといえよう。

自由権と社会権に概ね当てはまり、その歴史的な発生順序から、それぞれ「第一世代の人権」と「第二世代の人権」と呼ばれることがある。

　西側諸国は、自由権を社会権よりも重視する姿勢をとっていたが、これは先進国を前提にした議論であった。しかし、世界の他の地域に目を向ければ、社会権の方が重要な国も多く、自由権と社会権を厳格に区別する考え方は、今日ではもはや当てはまらない。よって、今日の国際人権法においては、自由権と社会権は不可分という捉え方が主流であり、「第一世代」あるいは「第二世代」の語が使用されることは少なくなった。

　1970年代に入ると、「第三世代の人権」が提唱されるようになった。これは連帯の権利であり、国際社会全体の協力によって初めて実現できるものとされ、人民の自決権、発展の権利、平和的生存権、環境権などが含まれるとされた。特に近年は、気候変動対策との関係で、環境権を重視するべきという意見が強くなっている（⇒本書❿1）。これらの達成には、各国が国内法制度を整備するだけでは足りず、地球全体での制度設計を通じて追求する必要性が主張されたのである。

　もっとも、第三世代の人権に何を含めるかは論者によっても違いがあり、これ以外の人権は国際協力なしに実現可能かと言われれば疑わしい。3つの世代に分けて人権を捉えるのは、一見合理的に整理されている印象を受けるが、その区別は必ずしも明確ではないことに注意が必要である。

2　国際人権法の理論

　人権条約は多数国間条約であるから、領土や通商といった他の分野の条約と同様に、条約法の原則が適用される。（⇒本書❷2）しかし、人権という特殊なテーマであることから、他の国際法一般の議論が必ずしも当てはまらず、独自の発展を遂げている部分も少なくない。重要な点を以下にいくつか挙げてみよう。

　第1に、個人の国際法主体性（⇒本書❸1）である。伝統的に、国際法は国家と国家の間を規律するものであった。しかし、国際人権法が発展すると、人権条約の当事国にいる個人（外国人も含む）は、条約に規定されている人権を保障される対象になった。それと同時に、人権条約上の権利・自由を侵害された個人は、一定の条件を満たしていれば、条約が設置する機関に対して、当該国家の条約違反からの救済を請求する資格を得た。その最たるものが、後述する**個人通報制度**である。

　第2に、人権条約の義務である。通常の条約関係と違って、人権条約の場合は**相互主義**が当てはまらない。人権を守る義務は、当該国家が国際社会全体あるいは他の当事国すべてに対して負うとされている（**対世的義務**⇒本書❸2）。特に、ジェノサイドの禁止、奴隷制度の禁止、人種差別の禁止といった人権規範は、国際法においても特に重要視されており、強行規範や国家の国際犯罪を巡る他の国際法分野にも大きな影響を与えている。この義務の特殊性から、他の条約と違って人権条約からの脱退は容易ではないほか、留保をめぐっても争いが生じることがある（**コラム❷-2**）。

　第3に、人権条約の解釈に関する問題である。人権条約も多数国間条約であるから、条約法条約の解釈規則がまず適用される。しかし、人権条約の場合は、通常の国際法のように解釈権限を各国に認めると、人権の保護と促進

➡4　たとえば、食糧や水に対する権利は、人間として生きる最低条件ともいえるし、適切な教育を受けていなければ、表現の自由などを論じることもあまり意味がなくなってしまう。

➡5　**相互主義**
例えば、日米間の貿易に関する条約であれば、アメリカが約束通り関税を引き下げなかった場合、日本が対抗措置として同等の水準に関税を引き上げ、相手に条約の履行を促すことができる。しかし、アメリカに住む日本人が人種差別の被害に遭っているからといって、日本に住むアメリカ人に対する暴力が許されるだろうか。

➡6　**対世的義務**
対世的義務を巡る議論が本格化したきっかけは、1970年に国際司法裁判所が下したバルセロナ・トラクション事件判決である。同判決は、国際社会全体に対する義務というものがあり、すべての国がその保護に法的利益をもつという概念を示した。その上で、直接に権利を侵害されていない国を含めて、すべての国がその義務違反の責任を追及できると理解されている。

70　第Ⅳ部　国際社会の諸課題と国際法

という目的がなかなか達成されない。そこで、人権条約に基づき設置された人権条約実施機関（自由権規約であれば**自由権規約委員会**）が、各国の条約遵守状況を審査する過程において、条文を解釈して意味を明確化するようになった。なお、上述の留保の可否について、その留保が条約の趣旨や目的と両立するかを誰が判断するかは、難しい問題である。自由権規約委員会は、それを判断するのは自らの権限だと述べているが、反発する国も少なくない（⇒本書❷2）。

第4に、国際人権法に特有の解釈方法として、**発展的解釈**が挙げられる。これは、欧州人権裁判所の判例において発達したもので、欧州人権条約を「生きた文書」として、採択当時ではなく現時点での社会の変化や発展に合わせて条約を解釈・適用する方法である。この手法は、現在では自由権規約を始めとする各種人権条約の条約実施機関でも取り入れられている。性的少数者（LGBTQ）の権利のように、社会が変化すれば人権の意味合いも少しずつ変化するものであるから、この手法は一見当然にも思える。しかし、各国が条約を締結した時の意思や合意から離れることを示唆しており、「締結当時にそこまで同意した覚えはない」という不満を示す国が出る可能性もある。

とはいえ、各国は人権条約に参加した段階で、人権条約実施機関による審査に服することに同意したのだから、国家主権を一定程度手放したとみることができる。人権条約実施機関から厳しい指摘を受けたとしても、各国はそれを重く受け止めて従う責務があり、国際社会に対する説明責任も負うのである（⇒コラム⓫-2）。

3　人権条約の仕組み

上述の国際人権条約には、いずれも人権条約実施機関が各国の履行状況をチェックしたり、各国に遵守を促したりする仕組みがある。この機関は、中立で高度な専門性を有する**委員**によって構成されており、その解釈にも高い権威がある。条約本文と違い、各機関が示す解釈や勧告は、厳密には法的拘

➡7　自由権規約委員会
自由権規約委員会の正式名称はHuman Rights Committeeであり、直訳すれば「人権委員会」である。しかし、2006年まで国連にあったCommission on Human Rightsという組織も、日本語では「（国連）人権委員会」と呼ばれていて紛らわしい。この他にも、自由権規約委員会を「規約人権委員会」と呼ぶこともあるが、いずれにせよ混同しないよう注意が必要である。

➡8　元々は、国際社会は互いに平等な主権国家によって構成され、条約の解釈なども各国が話し合いを中心に実施するものだと考えられてきた。しかし、これを留保の許容性なども含めて条約実施機関が判断するとなると、各国の手を離れることを意味し、国際社会が中央集権的な性格を帯びるため、先進国も含めて警戒感や反発を示す国がある。

➡9　委員
委員は専門家であり、個人の資格で委員会の活動に携わるのであって、各国の政治的な利益を直接代弁する存在ではない。言い換えれば、国益を直接代表する存在ではないということでもあり、これが国連総会などの国際組織と異なる部分である。これは、客観的で中立的な審査をする上で、非常に重要な要素でもある。

コラム⓫-2　日本国内における人権条約の位置づけ

　日本では、批准・加入した条約はすべて法律と同様の地位を得る。その直接の根拠は、憲法98条2項であり、これに基づき条約は国内法制度を補完することになる。もっとも、日本の場合は外務省が条約の批准・加入前に綿密な準備作業をしており、通常は国内実施のための法律を別に用意している。たとえば、女子差別撤廃条約の批准に合わせて、男女雇用機会均等法が制定された。

　条約の内容と既存の国内法の内容が抵触する場合は、通常の法律か憲法かで結論が異なり、結論からいえば憲法＞条約＞法律である。法律の場合は、憲法98条2項が条約を「誠実に遵守する」ことを定めていることなどを理由に、条約が法律に優先する。これに対して、条約と憲法が衝突した場合は、憲法が条約に優先するというのが定着している（憲法優位説）。その理由はいくつかあるが、もし逆に条約が憲法を上回るとすると、条約が実質的に憲法を書き換えることにつながり、厳格な手続きを経ずに実質的に憲法改正がなされてしまう恐れがある

というのが最も大きい。

　厄介なのは、国際人権条約と衝突しそうな国内法は、しばしば憲法だということである。刑事訴訟法など、通常の法律にも人権に関する規定を有するものはあるが、人権条約と通常の法律との対立が先鋭化することは少ない。しかし、たとえばヘイトスピーチの規制と表現の自由のように、人権条約と憲法の対立という問題が生じることがある。

　とはいえ、国際社会に対して約束をしたという事実は重大だし、そもそも国際人権法にせよ憲法にせよ、より良い人権保障を目指すという点は共通している。よって、憲法優位説を理由に人権条約を排除するのではなく、両者が矛盾なく成立するような憲法解釈を模索することが求められるのである。

束力を有さないが、決して無意味なものでもない。条約の批准ないし加入の時点で、各国はその条約の趣旨と目的を追求し、審査を受けることに同意したのだから、各機関による解釈・勧告を最大限尊重しなければならない。

履行確保の制度は大きく分けて3つあり、制度そのものの仕組みはどこでも概ね同じである。ここでは、自由権規約を例にとってみよう。

(1) **国家報告制度**　国家報告制度は、すべての国が参加する制度であり、自由権規約40条に規定されている。各国は、数年ごとに自由権規約委員会に対して、自国における規約の履行状況についてまとめた報告書を提出する。必要に応じて、委員会は質問や追加の資料提供を求め、これに対する応答も随時行われる。この他に、人権団体を始めとするNGOや国内人権機関（日本では未設置）などが提供する資料も参照しつつ、委員会は最後に**総括所見**（concluding observations）を採択する。

総括所見には、当該国の報告書に対して歓迎する事柄と、懸念する事柄が記されている。特に重要なのは後者で、規約に適合していないか履行が不十分だと思われる内容については、委員会が当該国に是正を勧告する。これを受けた国は、次の報告書に改善点あるいは説得力のある反論を記載し、再び委員会による審査を受ける。改善がみられない場合は、委員会が当該国に質問をし、その国は答えなければならない。この建設的な対話の繰り返しにより、各国における人権保障は徐々に充実していくことが期待される。

(2) **国家通報制度**　これは、当事国が別の当事国の規約違反を委員会に通報する制度であり、その根拠は自由権規約41条以下にある。ただし、この国家通報制度は、どの国際人権条約でも活用された例は極めて少ない。なぜならば、この制度は国際社会における相互理解に資するどころか、むしろ国家間の緊張を高めて紛争を引き起こし、ひいては国際社会の平和を危険に晒しかねないという懸念が強いからである。また、一部の条約にはこの制度が用意されていない。

(3) **個人通報制度**　人権条約本体とは別に、選択議定書に参加した国に住む人だけが利用可能な手続である。自由権規約の場合、第一選択議定書に参加している国に住む個人が、その国における具体的な人権侵害について、自由権規約委員会に規約違反の通報を申し立てることができる。匿名の通報や、権利濫用に当たるもの、他の人権条約実施機関などで既に検討されている案件は、受理されない。受理可能性が認められると、委員会はその案件を審査し、違反が認められる場合は見解（views）を採択する。これが出されると、当該国は半年以内にどのような措置を講じたか、別途フォローアップの報告書を提出しなければならない。

誤解されがちだが、個人通報制度は各国の裁判制度を代替するものではなく、あくまで補完するものである。人権侵害を受けた個人が、裁判など国内の法制度を通じて是正・救済が実現するなら、それに越したことはない。故に、自由権規約委員会が受理するのは、国内において利用可能な手続を済ませた上で、なお規約違反の状態が解消されないという訴えに限られる（国内的救済完了の原則）。なお、国内裁判があまりにも遅々として進まない場合も、個人通報の受理の対象となることがある。その上で、当該国の手続において確定した判断（たとえば国内裁判所の確定判決や行政機関の決定）が、規約に適合しているかどうかが検討されるのである。

➡10　それでもなお、ある国が他の国の人権問題を提起したいならば、他の国際組織や制度を活用することができる。例えば、深刻な人権侵害であれば、国際社会の平和と安全を損なう可能性が出てくるので、国連総会や安全保障理事会が検討するべき問題かもしれない。

個人通報制度は裁判に準じた手続ではあるが、その見解に法的拘束力はなく、この点が欧州人権裁判所の判決と異なる。とはいえ、これを無視した国は、類似の事件につき再び個人通報が提起されるほか、国家報告制度において厳しい質問が委員会から寄せられることになる。これによって、委員会の見解に従って規約違反の状態を是正するよう強い圧力が加わり、その国が最終的に法制度の改善を通して違反状態を解消することが期待される（⇒コラム⓫-3）。

　(4)　**一般的意見**　以上に挙げた3つの履行確保制度をより充実させるために、**一般的意見**（general comment）[11]が採択されることがある。これは、自由権規約委員会が、国家報告や個人通報の審査を通じて得た知見を基に、規約の各条項の具体的な意味や射程を詳しく記したコメンタリー形式の文書である。一般的意見も法的拘束力を有する文書ではないが、各国はこれをガイドラインとして活用しながら、国内の人権保障水準を引き上げたり、国家報告書を作成したりすることが求められている。

▶11　一般的意見
この文書の名前は条約によって微妙に異なることがあり、例えば人種差別撤廃委員会が採択するものは一般的勧告（general recommendation）と呼ばれている。

4　日本の向き合い方

　日本も国際社会の名誉ある一員として、日本に住む人々すべての人権を保障する体制を一層充実させていく必要がある。日本が締結した国際人権条約に関しては、単に国家報告書を定期的に提出して終わりではなく、人権条約実施機関からの勧告を重く受け止めて誠実にその内容を実現する責務を負っている。具体的には、新しく法律を作ったり、時代に合わなくなった法律を改正・廃止したり、実際に発生した人権侵害の事件について適切な救済策を講じたりしなければならない。

　国際人権法は今後もさらに発展し、他の国際法規範にも影響を与えることが見込まれる。よって、国際法の根底に人権という価値観があるということを意識しながら、国際社会のあり方を学んでその将来を考えることが何よりも重要なのである。

コラム⓫-3　日本と個人通報制度

　日本はアメリカと共に、個人通報制度に参加していない数少ない先進国の1つである。日本が参加していない理由の1つに、最高裁判所で確定した判決を条約実施機関が審査するのは、事実上の第四審になるのではないかという懸念がある。たとえば、最高裁が問題なしとした事案につき、自由権規約委員会が規約違反の見解を出した場合、実質的には最高裁判決の否定を意味するのではないかということである。

　しかし、個人通報制度は準司法的手続きとはいえ、裁判とは別物である。そこでは、条約適合性が審査されるだけであって、事実や証拠調べ、国内法の解釈・適用には踏み込まない。最高裁判決や決定を不服とする個人が、人権条約違反だとして通報したとしても、それは控訴や上告とは異なる。規約違反があった場合でも、自由権規約委員会に最高裁の判断を取り消したり変更したりする権限はない。よって、第四審に当たるという批判は、的確とはいえない。

　また、個人通報制度の見解は、具体的な事件の審査を通じて示されるから、その内容は必然的に詳細なものとなり、当該国へのインパクトは大きい。よって、司法権の独立を侵害するのではないかという懸念も少なくない。もっとも、厳密にはこの見解にも法的拘束力がないから、その履行については最終的に裁判官を含めた当事国による自発的な行動に任されている。よって、個人通報制度に司法権の独立を侵害するほどの強さはないともいえる。

　個人通報制度への反発は和らぎつつあり、2010年前後には加入への機運が高まったほか、2016年には最高裁自身が加入しても問題はないとの考えを明らかにしている。あとは、選択議定書の国会承認など、ひとえに政治部門の決断と行動に懸かっている。

戦争犯罪の処罰はどのように行われるのか？

> **設例** 2023年3月、国際刑事裁判所はロシアの大統領と、そのもとで子どもの権利などを担当する大統領全権代表の2人に戦争犯罪の容疑で逮捕状を出した。2024年3月にも国際刑事裁判所は戦争犯罪などの容疑でロシア軍司令官2名に逮捕状を出している。戦争犯罪とは何を指すのだろう。また、戦争犯罪が行われると必ず国際刑事裁判所で裁かれるのだろうか。

1 戦争犯罪とは何か？

広い意味での国際犯罪とは、国際条約で特定の行為を犯罪と認めた上で、定義を置き、その締約国に国内法整備義務を課したり、犯罪人を請求国へ「引渡しか訴追か（aut dedere aut judicare）」の義務を課したりすることで、国内での訴追・処罰を予定している犯罪を指す。例えば、ハイジャック、マネー・ロンダリングのような組織犯罪などの越境犯罪が想定される。狭い意味での国際犯罪とは、国内の裁判所を介さずに国際的な裁判手続において裁くことができる犯罪を指す。具体的には、第二次大戦後にドイツと日本で行われた国際軍事裁判が処罰対象とした①平和に対する罪（現在では侵略犯罪と呼ばれる）、②狭義の戦争犯罪、③人道に対する犯罪に、④集団殺害犯罪（ジェノサイド）を加えた4つの犯罪を指す。狭義の国際犯罪は、国際刑事裁判所の管轄犯罪となっており、その重大性からコア・クライム（中核犯罪）と呼ばれている。狭義の国際犯罪のうち、第二次大戦直後に日独の戦犯が訴追対象となった前三者を広義の戦争犯罪と呼ぶ。

狭義の戦争犯罪とは、戦争すなわち国際的な武力紛争に参加する当事国に属する軍人や文民がもう一方の当事国に行った一定の法益侵害行為であり、主に交戦法規の違反行為を指す。交戦法規とは戦争の戦い方に関する国際法上のルールである。その交戦法規の違反、つまり戦争の法規慣例違反は戦争犯罪と考えられ、違反者の身柄拘束を行った国の国内裁判所での国内刑法による刑事責任追及が国際法上認められてきた。第二次大戦までは、狭義の戦争犯罪はもっぱら国内の裁判所で訴追・処罰がなされたのである。

第二次大戦後、ニュルンベルク裁判と東京裁判が行われ、第二次大戦中のナチス・ドイツと日本の軍と政府による占領地の民間人の殺害、捕虜の殺害、都市町村の恣意的な破壊といった戦争の法規慣例違反を戦争犯罪とみなし、戦争犯罪に対する個人の刑事責任を国際法廷で裁くこととなった。戦争犯罪は今日では、国際裁判で裁かれる狭義の国際犯罪とみなされる。

その一方でジュネーヴ4条約は、戦闘に参加しない傷ついた兵士・捕虜・文民の殺人、拷問を含む重大な違反について、行為者と行為を命令した者に対する刑罰を定めるための国内法を作る義務を、条約に入っている国（締約

1 「引渡しか訴追か」の義務

容疑者が存在する領域国に対して、容疑者を犯罪人引渡し請求国に引渡すか、それができない場合には、自ら訴追しなくてはならないという義務を条約が課すことがある。ハイジャック防止に関するハーグ条約7条、モントリオール条約7条のほか、ジュネーヴ4条約、拷問等禁止条約7条などがこの原則を定める。ただし、国際法委員会がこの議題について、2014年に出した報告書も国際司法裁判所の裁判例も、本原則の慣習国際法性について明言していない。

2 ニュルンベルク裁判

1945年8月のロンドン協定において、米英仏ソはドイツの第二次大戦中の残虐行為について個人の刑事責任を追及する国際軍事裁判所の設立に合意した。ロンドン協定に参加した23カ国の連合国の名の下に枢軸国ドイツの戦争中の行為に関する責任追及を行うこととなった。ドイツのニュルンベルクでナチス・ドイツの政権幹部であったヘルマン・ゲーリングなど主要な戦争犯罪人が平和に対する罪とその計画・共同謀議、人道に対する犯罪、戦争犯罪で訴追された。一般に、この裁判をニュルンベルク裁判と呼ぶ。1945年11月から審理が開始され、1946年10月1日に21名に対して判決が出され、うち12名は死刑判決となった。

3 東京裁判

日本は第二次大戦終結のためのポツダム宣言を受諾したが、その10項で、戦争犯罪人の処罰を約束した。1946年1月、連合国軍最高司令官のマッカーサー元帥は極東国際軍事裁判所設立に関する特別宣言を出し、その条例が公布された。極東国際軍事裁判所はニュルンベルク裁判をモデルに、平和に対する罪（A級）、戦争犯罪（B級）、人道に対する犯罪（C級）について主要犯罪人を裁く裁判所として1946年5月に審理を開始し、この裁判を東京裁判と呼ぶ。東京裁判では全員が平和に対する罪で起訴され、1948年

74　第Ⅳ部　国際社会の諸課題と国際法

国）に負わせている。さらに、ジュネーヴ4条約の締約国は、重大な違反行為を捜査する義務を負い、重大な違反行為が認められた場合には、犯人の国籍にかかわらず、自国で訴追する義務を負う。ただし、他の関係国が事件について一応十分な証拠を提示すればその国へ引渡すことも可能である。このように、国際法上定義される犯罪の犯人の所在地国に対して、国際法上、国籍にかかわらず犯人を訴追するよう求め、訴追できない場合には関係国へ引渡すよう求めることで、ジュネーヴ4条約は普遍的管轄権（⇒本書❹1）を設定している。

　国際的武力紛争いわゆる戦争に適用されるジュネーヴ条約第1追加議定書は、重大な違反行為を拡充して無差別攻撃などを含めたほか、ジュネーヴ4条約と第1追加議定書の重大な違反を戦争犯罪と認めた（86条）。もっとも、国際的性質をもたない武力紛争（非国際的武力紛争）いわゆる内戦に適用されるジュネーヴ条約第2追加議定書やジュネーヴ4条約共通3条は重大な違反の規定を置かないので、どのような交戦法規の違反を国際裁判の処罰対象としての国際法上の戦争犯罪とみなすかという問題が残る。

　旧ユーゴ国際刑事法廷（ICTY）の規程は、ジュネーヴ4条約の重大な違反と戦争の法規慣例違反を戦争犯罪としている。特に、戦争の法規慣例違反を定めるICTY規程3条については、違反行為が例示される形をとっているので、同法廷の裁判例は、ジュネーヴ4条約共通3条の行為もICTY規程の3条違反となると判断した（旧ユーゴ国際刑事法廷タジッチ事件中間上訴決定98段）。ルワンダ国際刑事法廷（ICTR）は、ルワンダ国内で暴動の起きた際のジェノサイド（集団殺害犯罪）行為を中心に裁く法廷であり、ICTR規程4条は共通3条と第2追加議定書の重大な違反行為を処罰対象とした。

　2023年に国際刑事裁判所（ICC）がロシアの大統領と政府高官に対して出した逮捕状は、ジュネーヴ4条約の重大な違反にあたるICC規程8条2項(a)(vii)の不法な追放、移送又は拘禁と第1追加議定書の著しい違反にあたるICC規程8条2項(b)(viii)の占領地域の住民の追放・移送の容疑を掲

11月12日に死刑判決の7名を含む25名全員に刑の宣告があった。なお、平和に対する罪で訴追された者をA級戦犯と呼ぶことがある。

4　ジュネーヴ4条約
ジュネーヴ4条約とは、陸戦傷病者保護を定めた第1条約、海戦傷病者保護を定めた第2条約、捕虜の待遇を定めた第3条約、そして文民保護を定めた第4条約のことである。条約としては参加している国しか拘束しないけれども、今日では、ジュネーヴ4条約は慣習国際法を反映した条約であると理解されている。第1条約は傷病兵保護条約、第2条約は海上傷病者保護条約、第3条約は捕虜条約、第4条約は文民条約として知られている。

5　ICTY
ICTYとは、旧ユーゴスラビア国際刑事法廷を指し、International Criminal Tribunal for the former Yugoslaviaの頭字語である。1993年5月、安保理は決議827を採択し、ユーゴスラビア連邦共和国の分裂に伴う国際人道法の違反が国際の平和と安全に対する脅威であると認定し、国際人道法の重大な違反の責任者を訴追するための法廷の設立を決定した。ジュネーヴ諸条約の重大な違反、戦争犯罪、集団殺害犯罪（ジェノサイド）、人道に対する犯罪を裁くことができる。現在、ICTYは任務を完了し、国際刑事法廷残余メカニズム（IRMCT）がICTYとICTRの任務を引き継ぐ。

コラム⑫-1　ハムダン事件 I 米最高裁判決

　サリム・ハムダンはイエメン国籍で、国際テロ組織のアルカイダの指導者であるオサマ・ビン・ラディンの運転手や警備役を務めていた。2001年9月に開始されたアメリカによるテロとの戦いの結果、アフガニスタンで身柄を拘束されて、キューバのグアンタナモ基地に移送された。2001年11月に米大統領はテロリストを裁くための軍事審問委員会（military commissions）を設立する大統領令を発出し、ハムダンも軍事審問委員会からテロリストの実質的支援に対する戦争犯罪容疑で有罪判決を受けた。これを受けてハムダンは不当な手続で身体の自由を侵害されているとして、人身保護請求を米国連邦地方裁判所に請求した。2006年6月29日にアメリカ連邦最高裁の多数意見判決は、テロとの戦いは非国際的武力紛争であって、共通3条が適用されるので、正規に構成された裁判所で自ら出席して裁判を受ける権利や不利な証拠へのアクセスを認められるべきであり、軍事審問委員会は正規の裁判所とみなせないと判断した。本来、戦闘員でない者が戦闘行為に参加して敵に捕まった場合の処遇については、ジュネーヴ第3条約5条2項上、権限のある裁判所によって捕虜かどうかの決定がなされるまでの間、捕虜に与えられるべき保護を受けられることになっている。捕虜や文民の虐待・非人道的な扱いはジュネーヴ条約に違反し、戦争犯罪にあたる可能性がある。ハムダンは米国国内法上適法となるよう新たに制定された軍事審問委員会と軍事審問委員会審査裁判所においても有罪とされ、66カ月の禁固刑に処された後、イエメンにて刑期を終えて釈放された。

12　戦争犯罪の処罰はどのように行われるのか？　　75

➡6 ICTR
ICTRとは、ルワンダ国際刑事法廷を指し、英語での同法廷の表記となる International Criminal Tribunal for Rwanda の頭字語である。1994年11月に安保理は決議955を採択し、ルワンダ国内のジェノサイドのほか国際人道法の違反の状況を国際の平和と安全に対する脅威であると認定し、国際人道法の重大な違反の責任者を訴追するための法廷の設立を決定した。ICTRは非国際的武力紛争に対する臨時の時限的な裁判所であり、ジェノサイド、人道に対する犯罪、ジュネーヴ諸条約共通3条とジュネーヴ条約第1追加議定書の重大な違反を訴追することができる。すでにその任務をIRMCTが引き継いだ。

➡7 ジェノサイド（集団殺害犯罪）
第2次大戦中のユダヤ人虐殺を踏まえ、1948年12月9日に国連総会で初めて採択された国際人権条約がジェノサイド（集団殺害犯罪）の防止および処罰に関する条約である。この条約はジェノサイド条約と呼ばれ、2条でジェノサイドを「ジェノサイドとは、国民的、人種的、民族的または宗教的集団の全部または一部を破壊する意図をもって行われた、次の行為」と定義し、殺人、重大な肉体的または精神的な危害を与えること、肉体を破壊するために意図された生活条件を故意に課すこと、集団内における子どもの出生を防止することを意図した措置を課すこと、子どもの強制移送を挙げる。ICTY、ICTR、ICC規程もこの定義を踏襲する。

➡8 戦闘員資格
国際法上、戦闘員は軍事目標として正当な攻撃対象になり、合法に敵対行為に参加できる。戦闘員資格は、衛生要員及び宗教要員を除く紛争当事国の軍隊の構成員に認められる（第3条約4条(A)1項、第1追加議定書43条2項）。平時には軍隊に属さない市民が召集に応じて組織される部隊を民兵隊と呼び、自発的に第三国の戦闘行為に参加する市民で構成される部隊を義勇兵と呼ぶ。これらについては、①部下について責任を負う1人の者が指揮していること、②遠方から認識することができる固着の特殊標章を有すること、③公然と武器を携行していること、④戦争の法規及び慣例に従って行動していることの4条件を満たしていれば、戦闘員とみなされ得る（第3条約4条(A)2項）。③と④の要件を満たす群民兵すなわち占領地で侵入軍隊に蜂起して武器をもった市民も戦闘員と考えられ

げる。

■展開例1　2001年9月11日にアメリカで同時多発テロが発生し、約3,000名の死者を出す大惨事となった。これを受けて、米政府はアフガニスタンのタリバン政権とタリバン政権にかくまわれるイスラム教組織のアルカイダを国際テロ組織と名指しして、同月中にテロとの戦争を宣言した。その後、アフガニスタンからキューバのグアンタナモ米軍基地へと移送・収容された人々に対する米兵による拷問行為が問題となった。2023年10月に開始したイスラエルとパレスチナのイスラム教過激派のハマスとの武力衝突においても、イスラエルによるハマスへの拷問が問題となっている。武力紛争中に捕まえられたテロリストはどのように裁かれるべきか。

2　テロリストはどのように裁かれるのか？

　国際法（学）上、テロリズムやテロリストに関する確立した定義は存在しない。そこで、米政府のいうテロとの戦いでテロリストと認定された人々が国際法上どう位置づけられるかが問題となる。交戦法規という戦争のルール上、敵対行為とは武力紛争時に敵の軍事目標に対して実害を与えることを意図して行う行為を指し、この敵対行為に直接参加するための資格を**戦闘員資格**と呼ぶ。戦闘員は敵に捕えられた後に、捕虜と呼ばれて、国際人道法上、特別な保護を受ける資格を有する。厳密には、捕虜となる資格は、戦闘員以外にも認められている（ジュネーヴ第3条約4条A）。戦闘員が自身と文民との区別をする義務に違反すると、捕虜となる権利を失うものの、捕虜の保護と同等の保護が与えられる（ジュネーヴ条約第1追加議定書）（⇒本書⓯2）。

　アメリカ政府は、テロリストとの戦いを国際法上の交戦法規が適用される従来の戦争（武力紛争）とは異なる「新しい戦争」とみなした。したがって、9.11の際の米政権はテロリストを戦闘員とはみなさず、戦闘員資格をもたないのに不法に戦闘に参加した不法戦闘員であるとして、グアンタナモに収容された人にはジュネーヴ条約の適用がないものと捉え、捕虜としても扱わずに、当初は憲法上の保障も与えられないものと断じた。通説では、交戦法規上、戦闘員でない者は非戦闘員であり、不法戦闘員という地位は存在しないため、不法戦闘員と呼ばれるテロリストは非戦闘員である文民として通常の国内刑法犯で処罰されるべきものと考えられる（⇒コラム⓬-1）。

3　国際刑事裁判所は悪い人を裁いてくれる正義の味方なのか？

　第二次大戦後にできたニュルンベルク裁判と東京裁判、冷戦後にできたICTYもICTRもすべて戦争・内戦中に起きた戦争犯罪などの自然人（個人）の責任を事後的に追及する裁判所であった。特にニュルンベルク裁判、東京裁判は戦争に勝った者が負けた者を裁くための「勝者の裁き」として批判を受けた。ICTYとICTRは国連の安全保障理事会（安保理）が旧ユーゴスラビアとルワンダの事態を国連憲章7章の定める国際の平和と安全に対する脅威と決定したうえで、事態に対する非軍事的措置として国際法廷を設置した。

　これらの国際刑事法廷ができるまでは、戦争中の損害に伴う戦後の責任の問題は、賠償など国家間での紛争として、すなわち国家責任の問題として処理されてきた。第二次大戦後の国際刑事法の発達によって、戦争中の重大な損害については、国家責任と共に個人の責任を追及することになり、個人が

直接国際法に基づいて責任を負うこととなった。国際刑事法により、国際法の主体としての個人の地位が高まったともいえる。

常設の国際刑事裁判所であるICCは、1998年にローマで採択された条約（ローマ規程またはICC規程）で設立が合意され、2002年に規程が発効して、2003年からオランダ・ハーグで本格的に稼働を始めた（⇒コラム⑫-2）。常設の裁判所であるから、事後的な裁きという批判を克服しており、ローマ規程自体も「法なくして犯罪なし」（22条）、「法なくして刑罰なし」（23条）という罪刑法定主義を定めている。

ただし、ICCは条約でできているため、原則として締約国で行われたジェノサイド、人道に対する犯罪[9]、戦争犯罪、侵略犯罪[10]について捜査・訴追を行う。もっとも、締約国の領域内で行われていれば、条約に入っていない国の国民の行為も捜査・訴追対象となるし、条約に入っていない国も宣言によりICCの捜査・訴追する権利（ICCによる管轄権行使）を認めることができる（ローマ規程12条3項）。そして、安保理が国連憲章7章の決議を採択してICCへ特定の地域の問題（事態）を通報（付託）する場合には、ローマ規程の締約国となっていない国（非締約国）の問題についてICCが捜査と訴追を開始できる仕組みとなっている。

ICCに特定の地域の事態を付託することができるのは、締約国か安保理に限られる。もっとも、ICCの検察官も、ICCの予審裁判部というところから許可をもらうことを条件に、自らの意思で捜査を開始することができる。これらの事態付託の仕組みを**トリガー・メカニズム**と呼ぶ。締約国か安保理がたとえばそれぞれウガンダやスーダンといった事態をICCに付託すると、今度は検察局が捜査を開始するかどうか決定する。なお、ウガンダのように締約国みずからが自国の事態を付託することを自己付託と呼ぶ。

侵略犯罪については、2010年にカンパラ会議で採択された条約の改正規定にしたがって2018年にICCの捜査・訴追が可能となったため、国籍国である締約国が侵略犯罪の改正に別途合意をしない限り、ICCは改正を受諾し

る。一般に、戦闘員資格は捕虜資格と同視される。

➡9 人道に対する犯罪
ナチス・ドイツによる自国民を含むユダヤ人の大量虐殺を訴追するため、国際軍事裁判所条例に処罰規定が置かれ、当初は戦争犯罪か侵略犯罪の一環として、もしくは関連して行われる政治的、人種的もしくは宗教的理由に基づく迫害行為を処罰対象としており、武力紛争との関連性が必要となっていた。その後の法典化の過程で、武力紛争との関連性は不要とされ、現在では、武力紛争時であると平時であるとを問わず処罰される文民たる住民に対する広範または組織的な攻撃であると理解される。ICC規程7条1項もそのような定義を置き、殺人、絶滅、奴隷化、住民の追放、拷問、性犯罪などが処罰対象の非人道的行為とされている。

➡10 侵略犯罪
ニュルンベルク裁判、東京裁判では、侵略戦争の計画、準備、開始、又は実行について平和に対する罪として処罰がされた。その後、国際裁判での訴追は行われていない。だが、ICC規程では、平和に対する罪は侵略犯罪として管轄犯罪の1つに挙げられている。2010年のICC規程改正の検討会議で侵略犯罪の定義といつそれを捜査・訴追できるかに関する管轄権発動の条件を定める決議が採択された。2018年よりICCは侵略犯罪を捜査・訴追可能となっている。ただし、侵略をICCが捜査・訴追するには安保理による

コラム⑫-2　国際刑事裁判所の組織

2024年3月11日、国際刑事裁判所の所長に日本人裁判官の赤根智子判事が選出され、その日から3年間の任期を開始した。国際刑事裁判所の所長は約900名といわれるICCの職員を束ねる。国際刑事裁判所の裁判所長が所属する機関に裁判所長会議がある。国際刑事裁判所は、裁判所長会議、上訴裁判部門、第1審裁判部門、予審裁判部門、検察局、書記局から組織される（規程34条）。裁判所長、第1次長、第2次長が裁判所長会議を構成し、ICCの適正な運営などについて責任を有する（規程38条3項）。赤根所長を支える次長として、アイタラ判事（イタリア）が第1次長、アラピニ判事（ベナン）が第2次長を務める。裁判官は、刑事法に精通する法曹実務経験者から少なくとも9人、国際人道法、国際人権法などの国際法に関連する業務の経験者から少なくとも5人が締約国会議の選挙で選ばれる。検察官は1人又は2人以上の次席検察官の補佐を受ける（規定42条2項）。検察官は、刑事事件の訴追又は裁判について高い能力及び広範な実務上の経験を有する者でなくてはならない。現在の検察官はカリム・カーン氏（イギリス）であり2021年からの9年任期を務めることとなっており、ニャン氏（セネガル）とカーン氏（フィジー）が次席検察官を務めている。書記は2023年からの5年任期でガイラー氏（エクアドル）が務める。書記は司法の分野以外の運営と業務に責任をもつ。書記局には、書記局内に被害者・証人室が設置されるなど（43条6項）、書記局は証人や被害者の保護と弁護人のサポートなどを行う重要な行政機関である。国際刑事裁判所規程の締約国数は2025年1月現在、125カ国であり、ICCの財政を支える最大の拠出金国は、日本となっている。

ていない締約国の国民による侵略や改正を受諾していない締約国に対する侵略犯罪を裁けない。また、安保理は国連憲章7章に基づいて採択する決議によって、ICCの捜査・訴追の不開始や一時中止を12カ月間要請することができ、この要請は何度でも繰り返しできることになっている（16条）。

　ICCは条約という国家の同意を前提にした国際法に基礎があり、安保理決議がない限り、世界中のすべての国を対象として公平・公正な捜査・訴追を行うことはできないし、安保理の理事国はいったん開始した捜査・訴追に介入することができる。常任理事国のうち米中露はICC規程に参加しておらず、ICCは公平性の確保に大きな課題を抱えている。ICCは正義の味方となるように、二審制をとり、独立した検察官と独立した裁判官をもち、公正な手続にのっとって運営されている。それでも、なおICCは条約でできているという限界があり、ときに正義の味方としての公平さには欠けるように映る。

4　ICCから逮捕状が出されたらどうなるのか？

■展開例2　国際刑事裁判所が国際刑事裁判所規程の非締約国であるスーダンやロシアといった非締約国の国家元首に対して逮捕状を出しているけれども、国際刑事裁判所はどのように被疑者を逮捕するのだろうか。重要な犯罪人をつかまえることのできない国際刑事裁判所は実効的といえるのだろうか。

　ICCは戦争犯罪やジェノサイドなどの重大な犯罪の被疑者をいつでもどこにでも捕まえに行けるような自前の警察組織を持たず、また、たとえ被疑者の身柄を運良く関係国から引渡されたとしても、ICCが国家に優先して犯罪を捜査し、裁く権利を持つわけではない（**補完性の原則**）。言い換えると、ICCは戦争犯罪などの事件について国家が捜査と訴追をできないときにのみ、介入できる仕組みとなっている。したがって、特定の事態について、ICCの検察局によって被疑者が特定されて逮捕状が出されたからといって、ICCがすぐに捕まえられるわけではないし、その人について関係国で捜査や裁判が行われている場合には、国家の捜査・訴追する権利（**刑事管轄権**）が優先される。つまり、刑事管轄権は国家主権の中でも重要な権利であり、特に執行管轄権と呼ばれる警察権の行使について、各国は他国の同意がない限り、領域内でしか自国の法令に違反した人を逮捕できない。

　ICCが自前の警察をもたない結果、ICCから逮捕状が出された被疑者の身柄を拘束するのは、その人の所在する国の警察などの治安機関となる。当然ながら、自らの意思で規程という条約に参加している国家は、自国がその被疑者について捜査・訴追をしていない限り、ICCに協力する義務を負う（ローマ規程86条）。また、国家が同じ被疑者について捜査・訴追をしていても、それがICCの捜査・訴追をまぬがれる目的で行われているとICCが判断すれば、ICCによる捜査・訴追が可能である（同17条1項（a））。

　それでは、非締約国はICCによる逮捕状にしたがい、ICCの捜査・訴追に協力する義務を負うのだろうか。ローマ規程上は、自らICCの管轄権を受諾した非締約国については、ICCに協力する義務が明記されている（12条3項）。また、管轄権を受諾していない非締約国についても、ICCは当該国との特別の取極又は協定その他の適当な根拠に基づき、援助を提供するよう求めることができる（87条5項（a））。この条文の「その他の適当な根拠」には安保理決議が含まれると考えられるだろう。例えば、安保理決議によって付託され

付託がある場合を除いて、改正を受諾していない国の国民により行われた場合、締約国の領域内で行われていても管轄権を行使できない。

➡11　**補完性の原則**
ICCは各国家の主権を超越した超国家的な組織ではなく、あくまでも各国家の刑事司法制度を補完する役割を果たしており、ICCは国家の刑事司法制度が有効に機能している限り介入できないという原則を補完性の原則と呼ぶ（規程前文、1条）。そのため、ICCは特定の刑事事件について国家に捜査・訴追能力がないと判断した場合などに限り、国家に対して補完的に刑事事件を受理する（17条）。

➡12　**刑事管轄権**（⇒本書❹2）
国が人や物に対して当該国家と一定の連関を見出し、立法、司法、行政作用に基づいて支配する権限を管轄権と呼ぶ。刑事管轄権は、刑事的な事項について国が立法、司法、行政作用に基づいて人や物を支配する権限を指す。すなわち、国が人に対して刑法や刑事訴訟法を適用し、刑事裁判を執り行い、被疑者を逮捕し、刑罰の執行を行うなどの各機能の総称である。

ているスーダンの事態では、非締約国であるスーダンの国家元首（2019年4月にクーデターで失職）に対してICCから逮捕状が出された。その際、スーダン自体のICCに対する協力義務の根拠は安保理決議1593（2005年）の第2段落に求められると理解されている。

次に、ICCは締約国にいる非締約国の国家元首を引渡すよう締約国に求めることができるのかが問題となる。ローマ規程は98条1項で、ICCは締約国に対して、外交上の免除に関する国際法の義務に違反するような協力要請をできないと定めている。ところが、同規程の27条2項は、個人の公的資格に伴う**免除の国際法規則**は、ICCが当該個人について管轄権を行使することを妨げないと定める。現状では、非締約国の国家元首に対して逮捕状が出され、その国家元首が自国を訪問する場合に、締約国は98条にしたがってICCの協力要請を拒否する一方で、ICCは27条にしたがって締約国に非締約国の国家元首を引渡すよう求める傾向にある（⇒コラム⑫-3）。

ICCには犯罪人を捕まえる警察も超主権的な力もなく、逮捕状の執行は、領域国が犯罪人の身柄を確保するかどうかにかかっている。もちろん、犯罪人の所在する国は、締約国も非締約国も犯罪人をICCに差し出すことが望ましい。しかし、非締約国にそのような協力を求めることは難しく、ICCに対して法的な協力義務を負う締約国にとっても、締約国同士であれば免除が認められないことをお互い約束しているとしても、非締約国の国家元首について身柄を拘束するとなると一筋縄ではいかない。

以上の通り、ICCの実効性は、犯罪人の所在地である領域国のICCへの協力姿勢にかかっている。だが、ICCが犯罪人を逮捕できないからといって、ICCの逮捕状は無意味かというとそうともいえないだろう。ICCでは時効がない。逮捕状によって、国際社会を震撼させるほどの犯罪の容疑がかけられていることが白日の下に晒されるし、犯罪者の行動範囲も極めて限定的になってくる。

➡️13 **免除の国際法規則**（⇒本書❹3）
国家の管轄権に関する例外として、慣習国際法上、国家、外交官、領事官、軍艦、トロイカと呼ばれる国家元首、政府の長、外務大臣については、その主権的な行為や財産について、外国の国家管轄権とりわけ裁判管轄権からの免除が認められ、特に外国で裁判にかけられることはないという規則を指す。トロイカとは、ロシア語で3頭立ての馬車を指し、国際法委員会（ILC）で外国の政府職員の国家管轄権からの免除の初代特別報告者であったロシア人のコロドキン氏がILCに提出した第3報告書で国家元首・政府の長・外務大臣についてトロイカの表現を用いている（A/CN.4/646, 2011, para. 18）。その免除の規則の内容はそれぞれの特性に応じて異なる。国家に関する免除については、主権免除または国家免除と呼ぶ。外交官や国家元首については、裁判にかけるための身柄拘束を受けることもない（⇒国家機関の免除については本書❹参照）。

コラム⑫-3　ICCと国家元首の免除

スーダンのバシール元大統領が現職の大統領であったとき、引渡しをICCから求められた締約国諸国は、98条を根拠として、慣習国際法上存在する国家元首の国内刑事管轄権からの免除の規則により、ICCからの国家元首の引渡し要求にしたがわなかった。しかし、2019年5月6日のICCの上訴裁判部判決は、安保理決議の文言とその効果、そしてローマ規程27条2項が慣習国際法規則となっていることを根拠にして、スーダンの国家元首の逮捕についてスーダンと締約国の協力義務を認めた。外交関係に関するウィーン条約は、32条2項で外交官の免除の放棄を常に明示的に行うことを求めており、免除を黙示的に放棄することができるかが問題となり得る。もっとも、国連憲章は103条で常に国連憲章の義務を他の条約との関係で優先させている。したがって、スーダンの事態のような安保理付託の事態は、免除の否定について、安保理決議の効果で免除を否定することが説得的であるように思える。問題は、締約国付託や検察官の職権捜査の場合で、非締約国の国家元首の免除が問題となるケースであり、ロシアの国家元首に対するICCからの逮捕状が国際法上の免除とどのような関係に立つかという点である。上記の上訴裁判決はこのような事例を見据えて、規程の27条2項を慣習国際法と位置づけることで非締約国の国家元首の免除を否定する余地を残したといえよう。

2024年9月には、ロシアの大統領が締約国のモンゴルを訪問し、モンゴルがICCに協力してロシアの大統領をICCへ引渡すかどうかが注目された。モンゴルはロシアの大統領を逮捕することがなかったので、同年10月にICCの予審裁判部はモンゴルのICCに対する非協力を認定した。予審裁判部は、ここで検討されるのは国際裁判所に対する慣習国際法上の国家元首への免除の存在の問題ではなく、締約国がICC規程27条にしたがって非締約国の国家元首に関する逮捕状を執行する義務を有するかどうかという問題であると述べて、ロシアとモンゴルの2国間関係の免除を否定した。

13 国際法上の紛争はどのように解決されているのか？

> **設例** 海を隔てて隣り合うＡ国とＢ国は、両国間に存在する無人島のＸ島の領有をめぐって長年対立している。Ａ国は本紛争を国際司法裁判所に付託しようと主張しているが、Ｂ国は拒否してＸ島の実効的支配を続けている。Ｂ国は交渉その他の手段による対話も拒否している。Ａ国、Ｂ国共にＸ島は歴史的に自国領であると主張して事実認識も対立しているが、この紛争はどうやったら解決できるのか。

1 戦争の違法化と国際紛争の平和的解決義務

　20世紀初めに至るまでの国際社会では、武力行使が国際法上禁止されていなかったため、紛争を平和的手段で解決できなかった場合には、戦争などの実力行使は許容されていた。1899年にロシア皇帝ニコライ２世の提唱で開かれた第１回ハーグ平和会議で採択された**国際紛争平和的処理条約**でも紛争の平和的解決は努力義務にとどまった（１条）。第一次世界大戦後の1919年国際連盟規約や1928年不戦条約により戦争の違法化が進んだものの、第二次世界大戦後の1945年国連憲章においてようやく戦争だけではなく武力行使が禁止となり（２条４項）、併せて**紛争の平和的解決義務**も定められた（同条３項）。これら２つの規則は現在慣習国際法であると確認されている（**ニカラグア事件**1986年本案判決）。

　紛争当事国は、条約等で定められている場合を除き、自らが解決手段を選択できる（国連憲章33条）。国連憲章33条は、主な紛争解決手段として、「交渉、審査、仲介、調停、仲裁裁判、司法的解決、地域的機関又は地域的取極の利用その他当事者が選ぶ平和的手段」を掲げている。これら解決手段は、大別すると裁判手続（仲裁と司法的解決）と非裁判手続（交渉、審査、周旋・仲介、調停）に分けることができ、さらに国際組織による解決も存在する。

2 紛争解決手段

(1) 非裁判手続

　①**交　渉**　紛争当事国同士で直接のやり取りを行う手段である。しかし、たとえば北方領土返還交渉のように、交渉では両当事国が歩み寄らないとなかなか解決しない。

　②**周旋および仲介**　紛争当事国ではない第三者が関与する手段である。第三者の関与度合いによって区別され、周旋は連絡手段や施設を提供するに留まり、仲介は交渉内容に立ち入り解決案を提示するなどしている。前者の例として**ポーツマス条約**締結に際しての米国大統領が、後者の例として1978年キャンプ・デービッドの合意の際の米国大統領があり、大国の大統領や国

➡ 1　ハーグ平和会議
ロシア皇帝ニコライ２世の提唱により、オランダのハーグで1899年と1907年に開催された。第１回には欧米や清国、日本など26カ国が、第２回には中南米諸国も加わり44カ国が参加した。国際紛争の平和的処理や戦争法の法典化などが議論され、国際紛争平和的処理条約やハーグ陸戦条約および附属規則といった様々な条約や規則が採択された。1915年に開催予定であった第３回会議は第一次世界大戦勃発により開催できなかった。

➡ 2　ニカラグア事件
ニカラグアに成立した左翼政権に抵抗する反政府組織を米国が支援していることが国際法違反であるとして、1984年にニカラグアがICJに提訴した。ICJが本件の管轄権を認めたことに納得しない米国は本案審理を欠席した。ICJは1986年に米国による内政干渉を認定し、ニカラグアへの損害賠償等を命じる判決を下したが、米国は判決履行を拒否した。

➡ 3　ポーツマス条約
米国大統領T.ルーズベルトの周旋により、1905年に米国で開催された日露戦争の講和会議で締結された講和条約。本条約によってロシアが南樺太を日本へ割譲し、南満州鉄道や韓国に対する日本の権益が確立したものの、日本はロシアから戦争賠償金を得ることができなかった。

80　第Ⅳ部　国際社会の諸課題と国際法

連事務総長など政治的影響力が高い者が務めることが多い。

　③審　査　紛争が容易に解決されない理由として事実認識に関する当事者間の対立が多々あるため、個人資格の委員で構成される中立的機関が事実問題を調査する手段である。1899年国際紛争平和的処理条約で設けられたが、利用例は少ない。

　④調　停　個人資格の委員で構成される中立的機関が、事実調査に加えて紛争のあらゆる側面を考慮して、具体的解決策を提示する手段である。必ずしも国際法に基づいてはおらず、その判断に法的拘束力はない。多くの条約で盛り込まれているものの（1928年国際紛争平和的解決一般議定書、1948年ボゴタ規約等）、利用例は少ない。最近では国連海洋法条約の紛争解決手続に基づくティモール海事件[4]（2018年調停）があるが、他に当事国間で利用できる手段がなかったことから調停が利用されたと思われる。

　(2)　裁判手続　裁判手続は国際法に基づき法的拘束力がある判断が下されるという特徴を有するが、さらに仲裁と司法的解決に分けられる。

　①仲　裁　紛争当事国が協定を締結して設置されるもので、仲裁人の選定や仲裁廷の場所や仲裁準則等も当事国の合意で決定する。仲裁自体は古代ギリシャの時代から存在するが、主権国家平等の下で近世はほぼ利用されなかった。しかし、南北戦争における英国の中立義務について争われたアラバマ号事件（1872年裁定）で敗訴した英国が賠償金を支払ったこともあり、紛争解決における仲裁の意義が注目されるようになった。日本もマリア・ルース号事件[5]（1875年裁定）で初めて仲裁を利用した。

　1899年国際紛争平和的処理条約において**常設仲裁裁判所（PCA）**が設立された。しかし、これは真の意味で「常設」ではなく、オランダ・ハーグに常設の事務局があり、当事国が指名した仲裁人候補者の名簿が保管されているだけである。PCAは設立当初は多く利用され、日本も**家屋税事件**[6]（1905年裁定）で訴訟当事国となった。第一次世界大戦後に常設の裁判所ができてからはPCAの利用は減ったものの、近年は国連海洋法条約の紛争解決手続で仲

➡4　ティモール海事件
東ティモールとオーストラリアの間のティモール海の大陸棚境界画定問題があったが、オーストラリアが海洋境界画定を国連海洋法条約の義務的手続から除く宣言を付していたため、2016年、東ティモールは調停を申し立てた。国連海洋法条約に基づく初めての調停であり、結果、2018年に海洋境界画定に関する協定が締結されたため、調停の有効性が注目された。

➡5　マリア・ルース号事件
1872年、マカオから中国人労働者を乗せたペルー船籍マリア・ルース号が横浜に寄港した際、日本政府は中国人労働者を国際法で禁止されている奴隷として全員解放した。ペルー政府は日本の措置を非難し賠償請求したため、ロシア皇帝を仲裁人とする仲裁が行われた。1875年、日本の措置は国際法違反ではないという裁定が下された。

➡6　家屋税事件
日本は19世紀半ばの開国後、居留外国人に永代借地権を付与していたが、1894年の条約改正で治外法権が廃止されたため、外国人居留地内の永代借地上の家屋に課税することとした。これに対して英仏独の3カ国が借地契約は建物にも及ぶとして争い、日本と合意でPCAに付託した。1905年にPCAは英仏独側の主張を認める裁定を下した。

コラム⑬-1　北方領土返還交渉（⇒本書❼5）

　日本が現在抱えている領土問題のうち、北方領土はソ連が占領した1945年当時1万人以上の日本人が住んでおり、もっとも大きな領土である。北方領土とは北海道の北東に位置する北方四島（択捉島、国後島、色丹島および歯舞群島）を指す。歴史的に日本が支配しており、1855年の日露通好条約で日本とロシアの国境が択捉島とウルップ島の間であると確認された。続いて、1875年千島樺太交換条約では樺太はロシアに、ウルップ島以北の千島列島が日本に属することが定められ、さらに1905年ポーツマス条約でロシアは日本に南樺太を割譲した。1945年、ソ連の第二次世界大戦参戦を約束したヤルタ協定で英米ソはソ連への南樺太と千島列島の引渡しを密約し、ソ連は終戦直後に北方領土を軍事占領し、以降はソ連（ロシア）が実効的に支配している。

　両者の見解は対立しており、日本は、1951年サンフランシスコ平和条約で日本は千島列島と南樺太に対する権利を放棄したが（ただしソ連はこの条約に署名していない）、ここでいう「千島列島」には北方領土が含まれないためソ連は不法占拠していると主張し、四島返還を要求している。一方、ロシアはヤルタ協定で北方領土を含む千島列島のソ連への引渡しが認められたと主張する（同協定は日本を拘束しない）。両国が1956年日ソ共同宣言で国交回復する際に、平和条約締結後にソ連が歯舞群島と色丹島を日本に引き渡すことを定めたものの、いまだに平和条約は締結されていない。冷戦後、1993年東京宣言で日ロ首脳が四島の帰属問題を解決して平和条約を締結することを確認するなどロシアが歩み寄りをみせていたときもあったものの、交渉は進まず、ロシアは択捉島や国後島で開発を進めている。さらに2022年のウクライナ侵攻後、ロシアは北方領土問題を含む平和条約交渉を一方的に中断し、現在のところ再開される見通しは全くない。

裁が義務的な選択肢の1つとされたこともあり、利用件数は増えている。

②司法的解決 常設の国際裁判所による裁判ということが仲裁とは異なる。裁判官の構成や裁判規則はすでに決められている。初の常設国際裁判所として1907年に設置された中米司法裁判所があるが、地理的に普遍的な国際裁判所は第一次世界大戦後にオランダ・ハーグに設置された**常設国際司法裁判所（PCIJ）**が初めてである。PCIJは第一次世界大戦の戦後処理の問題や領土問題等の約30の事件を解決したが、第二次世界大戦勃発により機能停止した。戦後、国連の主要な司法機関として設立された**国際司法裁判所（ICJ）**がPCIJを実質的に引き継ぎ、現在までに190以上の事件が付託されている。1996年には、国連海洋法条約に基づき海洋法分野の国家間紛争を扱う**国際海洋法裁判所（ITLOS）**が設立された（⇒本書❽4）。他にも、地域的人権裁判所（欧州、米州、アフリカ）（⇒本書⓫1）や**国際刑事裁判所（ICC）**（⇒本書⓬3）など現在多くの司法機関が存在する。

(3) 国際組織による解決 最初の普遍的な国際組織である国際連盟において、紛争解決手段として理事会に付託する手続があった。この手続は一方の紛争当事国により開始され、理事会は紛争当事国の和解を促進した。

国連では、「国際の平和及び安全の維持に関する主要な責任」（国連憲章24条1項）を負う安全保障理事会（安保理）が紛争解決における重要な権限を有しているが、総会、事務総長にも一定の役割が与えられている。紛争当事国は、自らの選定する平和的手段によって紛争解決できない場合には、安保理に当該紛争を付託しなければならない（憲章37条1項）。安保理は、紛争の継続が国際の平和および安全の維持を危うくするおそれがあるときは適当な紛争解決方法や解決条件の勧告をする。紛争当事国以外に、総会、**事務総長**又は他の加盟国も理事会の注意を促すことができ、また安保理も自ら紛争や事態を取り上げることもできる。

総会も加盟国や安保理に勧告を行うことができるが（憲章10・11条）、安保理が任務を遂行している間は勧告することができない（憲章12条）。また、事務総長も自らあるいは事務総長特別代表を通じて紛争解決の役割を果たすことがあり、**レインボー・ウォーリア号事件**[7]（1986年裁定）では当事国の要請に基づき法的拘束力のある裁定を下した。

国連憲章第8章において国連は、地域的組織の加盟国間の紛争に関しては地域の手続で解決することを奨励しており、地域的組織（アフリカ連合や米州機構等）が加盟国間の紛争解決手続を有している。

3 ICJの制度と手続

(1) 構成 国連安保理および総会の選挙で選ばれた15名の独立した裁判官により構成される。裁判官の任期は9年で再選可能である。慣行として安保理常任理事国である五大国と非常任理事国の地理的配分に基づき選ばれていたが、近年はその慣行は維持されず、2024年現在、地理的にはアジア4人、アフリカ3人、東欧2人、中南米2人、西欧その他4人で構成されており、そのうち、米仏中の常任理事国出身者がいる。また、訴訟当事国にとって自国出身の裁判官がいるか否かは非常に重要な問題であることから、自国籍の裁判官がいない場合、当該国はその事件に限って裁判官を1人選任することができる。これを特任裁判官という。例えば、現在**日本人裁判官**[8]は

➡7 **レインボー・ウォーリア号事件**
1985年、南太平洋におけるフランスの核実験に抗議活動を行っていた国際NGOグリーンピースの船舶レインボー・ウォーリア号が、ニュージーランドに停泊中にフランスの工作員により爆破された。フランスの賠償額や工作員の処遇等に関して両国は国連事務総長に裁定を求め、1987年に裁定が下された。

➡8 **日本人裁判官**
日本はPCIJ時代に3人、ICJになってからも4人の裁判官を輩出しており、現職の岩沢雄司裁判官（2018年-）は元東京大学教授の国際法学者であり、前任者の小和田恆氏（2003-2018年）は外務省出身で裁判官の互選で選ばれる裁判所長も務めたことがある。また小田滋氏（1976-2003年）は3期27年と歴代裁判官の中で最長期間務めた。

いるが、韓国人裁判官はおらず、日本と韓国との間で紛争が起きた場合、韓国が特任裁判官を選任でき、全部で裁判官は16人となる。なお、この特任裁判官は自国民である必要はなく、選ばなくても構わない。

（2）**裁判準則**　裁判所は、付託される紛争を国際法に従って裁判することを任務とする（ICJ規程38条1項）。主に条約と慣習国際法が適用され、法の不在を理由とした裁判不能を防ぐために**法の一般原則**もPCIJ設立時に裁判準則として導入された。さらに補助手段として判決や学説が定められており、ICJも「非常に特別な理由がない限り、確立した判例から逸脱することはしない」（クロアチア対セルビアのジェノサイド条約適用事件2008年先決的抗弁判決）と述べており、PCIJやICJの判決を先例として頻繁に援用している。

（3）**裁判所の管轄権**　ICJはどのような国際紛争でも裁判できるわけではない。まず、国家対国家の紛争しか扱わない。しかも、紛争当事国の同意がないと裁判することができない。この同意の形式は自由である。PCIJ設立時には国内裁判のように一般的な強制管轄権を与えることについて議論があったが、反対する国も多く、妥協案として、選択条項受諾宣言を行った国同士での裁判を強制的にできるようにした（ICJ規程36条2項）。日本は**南極海捕鯨事件**[9]（2014年判決）でオーストラリアに訴えられたが、管轄権の基礎はこの宣言であった。この宣言には特定の紛争を除外する留保を付すことができ、例えば日本は2015年に「海洋生物資源の調査、保存、管理又は開発」を除外する留保を追加した。現在宣言国は74ヵ国に及ぶが、その多くの国が様々な留保を付している。他にも、条約の形で締約国間の一定の紛争についてあらかじめ裁判付託を可能としたり（裁判条約・裁判条項）、紛争発生後に紛争当事国間で協定を結んで裁判に付託する方法もある。2022年2月のロシアの軍事侵攻に関して、ウクライナは両国が締約国であるジェノサイド条約の裁判条項に基づきロシアを提訴した。他方で、日本と韓国の間で長年問題となっている竹島の領有権問題に関しては、日本政府はこれまでに3回にわたり本問題をICJに付託するよう韓国政府に提案したが、竹島を実効的

➡9　**南極海捕鯨事件**
1980年代に国際捕鯨委員会で商業捕鯨が一時停止され調査捕鯨のみ可能であったが、2010年に日本の南極海における調査捕鯨が実質的に商業捕鯨であるとしてオーストラリアがICJに提訴した。2014年のICJ判決で、日本の現在の捕鯨計画は国際捕鯨取締条約違反であると判断が下された。

コラム⑬-2　日本と国際裁判

国際法はヨーロッパで誕生し発展してきたこともあり、国家間紛争を国際法に基づき解決する国際裁判は、ヨーロッパおよびその植民地であった中南米を中心に行われてきた。日本が初めて国際裁判の当事者になったマリア・ルース号事件で勝訴したことで日本でも国際法の重要性が認識されたが、PCAで行われた家屋税事件では西欧3ヵ国（英仏独）に敗訴した。この裁定は2対1（日本人仲裁人のみ反対）で下され、この敗訴によって日本は国際裁判に消極的な姿勢になったといわれている。実際、それからしばらく国際裁判の当事者にはならなかった。PCIJのウィンブルドン号事件やメーメル領規程解釈事件では原告に名を連ねたが、国際連盟理事国としての形式的な参加であった。

しかし、1999年にオーストラリアとニュージーランドが、日本のみなみまぐろの調査漁獲が国連海洋法条約に違反するとして提訴したことで、再び国際裁判の当事者となった。続く2006年、豊進丸・富丸事件において日本は初めて国際裁判の原告となり、2010年には南極海捕鯨事件でオーストラリアに訴えられ、ICJで初めて訴訟当事国となった。2014年の判決で、日本の調査捕鯨は国際捕鯨取締条約違反であると判断され日本は敗訴したが、判決直後、日本政府は判決遵守の意思を表明した。しかし、日本は2015年に選択条項受諾宣言を修正しこの紛争が再びICJに提訴されないよう変更したうえで、2019年には国際捕鯨取締条約を脱退し、商業捕鯨を再開した。他方で、上述のように竹島の領有問題については、日本政府がICJへの付託を3度も韓国政府に提案したものの、韓国側が応じなかった。

日本が国際裁判の当事者となった事件は少ないものの、PCIJおよびICJには日本人裁判官を計7人輩出し、ITLOSにも3人の裁判官を輩出しており、「国際社会の法の支配」を重視する日本政府にとって、国際裁判は大変重要なものである。今後も積極的な利用が期待されている。

支配している韓国側は竹島に関して領土紛争は存在しないとして拒否したため、ICJに付託できなかった（⇒本書❼5）。

（4）**付随手続**　付託された紛争を審理する本案手続以外に、暫定措置（仮保全措置）や先決的抗弁、反訴および訴訟参加といった付随手続があり、特に利用されるのが暫定措置と先決的抗弁である。

暫定措置は、本案判決が下されるまでに訴訟当事国の権利が回復不能なものになってしまうことを防ぐために緊急的に下される措置である。本案管轄権が一応存在すること、権利と要請された措置の内容に連関があること等が要件となる。本来はすべての手続に先立ち行われる手続であるが、最近は紛争の悪化にかんがみ何度も要請される場合もある。暫定措置命令の法的効果に関しては従来争いがあったが、法的拘束力があることがラグラン事件[10]（2001年判決）で確認された。

ICJは当事国の同意に基づき管轄権を有するが、被告が裁判所の管轄権に異議を唱える場合もある。その異議を一般的に先決的抗弁といい、裁判所は本案に入る前に、裁判所の管轄権および請求の受理可能性に関して審理を行う。請求の受理可能性とは、管轄権がある場合でも、外交的保護権に基づく訴訟の場合に国内救済手続が完了していなかったり、訴訟に不可欠な第三国の不在等で本案審理に入ることができないと当事国が主張した場合に審理される手続である。

（5）**判決の効力**　ICJは同意管轄ということもあり、判決は当事国のみを拘束する（ICJ規程59条）。一審制であるため、判決に不服があっても上訴することはできず、法的拘束力があるとはいえ裁判所が下した判決に従わない国もいる。判決が履行されない場合、ICJは強制執行する権限を持たない。国連安保理に判決執行の権限が付与されているが（国連憲章94条2項）、安保理がこの権限を行使したことはない。ニカラグア事件では米国が判決を履行せずニカラグアが安保理に付託したが、米国が拒否権を行使したため決議が採択されなかった。しかし、国連の主要な司法機関であるICJが下す判決は国際的な影響力も高いため、実効的な判決履行確保制度が存在しないものの、多くの判決は当事国により履行されていると評価されている。

なお、「判決の意義又は範囲」について争いがある場合は、判決の解釈を請求することができる（ICJ規程60条）。また、新たな事実の発見を理由に判決の再審を求めることもできる（ICJ規程61条）。その事実は判決時に裁判所および当事者が知らなかったものでなくてはならず、新事実の発見から6カ月以内で判決日から10年以内に請求されなくてはならない。

（6）**勧告的意見**　ICJの役割は国家間紛争の裁判以外にも、国際組織からの法的問題の諮問に対して与える勧告的意見というものがある。国連総会および安保理は「いかなる法律問題」についても、他の国連機関や専門機関は「その活動の範囲内において生じる法律問題」について意見を要請することができる（国連憲章96条）。近年ではチャゴス諸島事件[11]（2019年勧告的意見⇒本書❸2）やパレスチナ占領政策事件[12]（2024年勧告的意見）など国家間紛争に関係する事件においても意見が付与されている。

4　国連海洋法条約の紛争解決手続

1982年に採択され1994年に発効した国連海洋法条約は、条約の解釈又は

➡10　**ラグラン事件**
米国内裁判所でドイツ国籍ラグラン兄弟が死刑判決を下されたことについて、1999年にドイツがウィーン領事関係条約違反を理由にICJに提訴した。ICJは暫定措置として死刑執行停止を命じたものの、米国は死刑執行した。2001年本案判決において、ICJは暫定措置に法的拘束力があることを述べると共に、米国の暫定措置命令違反を認定した。

➡11　**チャゴス諸島事件**
インド洋のモーリシャスが英国から独立直前の1965年に、英国はモーリシャスの一部であったチャゴス諸島を自国領に編入し、モーリシャスが返還を求めても統治を続けた。国連総会の要請に応じて出された2019年のICJ勧告的意見では、英国は統治を迅速に終え非植民地化を完了させる義務があると判断された。2024年10月にようやく英国は返還を発表した。

➡12　**パレスチナ占領政策事件**
イスラエルによる東エルサレムを含むパレスチナ占領政策の合法性等に関して、国連総会の要請に応じて下された2024年の勧告的意見で、入植活動などのイスラエルの占領政策は国際法違反であり占領をできるだけ速やかに終結し、損害賠償すべきと判断した。しかし、イスラエルは従っていない。

適用に関する締約国間の紛争に関して独自の紛争解決手続を設けている。まず、同条約第15部第1節にて紛争当事国が合意に基づき選択する平和的手段で解決されなければならないことを定めている。第1節に基づく合意に至らない場合や紛争が解決されない場合には第2節の義務的手続を利用することができる。各締約国はITLOS、ICJ、仲裁、特別仲裁のいずれかを紛争解決手段として選択することができ、いずれも選択しない場合は仲裁の管轄を受け入れたものとみなされる。紛争当事国間で選択した手続が一致しない場合も仲裁に付託されることになるため、仲裁の役割が重要となる。しかし、第3節において、一定の紛争（EEZおよび大陸棚における海洋の科学的調査に関する沿岸国の決定に関する紛争やEEZにおける生物資源に関する主権的権利の行使に関する紛争等）に関しては義務的手続が制限され（297条）、また締約国が書面による宣言によって境界画定紛争や軍事的活動に関する紛争等に関して義務的手続から除外することも可能となっている（298条）。一部の紛争には代替的に義務的調停を定めており、ティモール海事件で利用された。

国連海洋法条約の解釈又は適用に関する紛争に管轄権を有する裁判所は、紛争当事者の権利を保全するため、または海洋環境に対して生じる重大な害を防止するために暫定措置を定めることができる（290条）。仲裁や特別仲裁が選択され、当該仲裁廷が暫定措置を指示する時間的余裕がない場合には、ITLOSが暫定措置を指示できる。日本が被告となったみなみまぐろ事件[13]（2000年裁定）でもITLOSが暫定措置を指示した（⇒本書❽4）。また、国連海洋法条約特有の制度として、速やかな釈放手続がある。違法操業などの疑いで抑留された他国船舶・船員は一定の場合において合理的な保証をもって速やかに釈放されなければならないが、関係国間で合意に至らない場合には、船舶を抑留された国が裁判所に問題を付託することができる（292条）。裁判所は妥当な保証金額を定め、船舶と船員の釈放を命じる。この制度はITLOSで多く利用されており、日本も富丸事件・豊進丸事件[14]（2007年判決）で原告となった。

▶13 みなみまぐろ事件
1999年、オーストラリアとニュージーランドが日本のみなみまぐろの調査漁獲は国連海洋法条約に違反するとして同条約に基づく仲裁に付託した。ITLOSによって調査漁獲の停止を求める暫定措置が下されたものの、2000年に仲裁廷は国連海洋法条約に基づく管轄権を否定したため、本案は審理されなかった。

▶14 富丸事件・豊進丸事件
ロシアのEEZで違法漁業をしていた疑いで拿捕された日本船籍の漁船2隻および船長・乗組員の速やかな釈放を求めて、2007年に日本がロシアを相手取りITLOSに提訴した。ITLOSは、豊進丸については合理的な保証金額を定め船舶および船長・乗組員の速やかな釈放を命じたが、富丸に関してはロシア国内司法手続で船舶没収が確定したため判断できないとした。

コラム⓭-3　大国とICJ

国際裁判は国際法に従って公平な判断が下されるため、国のパワーが直接的には影響しない紛争解決方法である。したがって、小国には利用にメリットがあるが、大国にとってはどうだろうか。ここでは国連安保理常任理事国である五大国（米ロ英仏中）とICJの関わりを取り上げる。

五大国は裁判官を出すことには積極的だが、裁判に関してはそうではない。特に中国とロシアは消極的で、中国は一度もICJの訴訟当事国となったことはない。ロシアも同じく消極的であったが、冷戦後にジェノサイド条約や国連主要人権条約の裁判条項の留保を撤回したこともあり、ジョージアやウクライナから人種差別撤廃条約やジェノサイド条約等に関して訴えられた。英米仏は、ICJ設立当初は利用に積極的であったが、自分たちに不都合な事件が付託され、態度を変えた。1970年代の南太平洋の核実験に関して提訴されたフランスが、1980年代のニカラグア事件で米国が、当該紛争がICJに付託されたことに不満を示し、選択条項受諾宣言を撤回した。五大国で唯一選択条項受諾宣言を維持している英国も多くの留保を追加し、容易には訴えられないようにしている上、チャゴス諸島事件の勧告的意見にすぐに従わなかった。

五大国が拒否権を有する安保理では、五大国に不利な決議は採択されることはない。したがって、五大国に不満がある国は、同じく国連主要機関であるICJを利用することがある。対ロシアの事件以外にも、最近ではイランやパレスチナが米国を訴えている。もっとも判決の執行は安保理の権限内であるため、五大国は判決を無視できる。しかし、そうした行為は国際的には非難を浴びるだろう。

第 V 部
平和の維持・武力の規制と国際法

14 国際社会の平和はどのように維持されているのか？

> **設例** 2022年2月24日、ロシアはウクライナへの軍事侵攻を開始した。国際社会はこれを侵略と非難し、軍事活動の即時停止と撤退を求めたが、ロシアはこれに耳を傾けず、ウクライナとロシアの戦争は未だ継続中である。なぜ、国際法で禁止されているはずの侵略戦争が起きてしまうのか。国際社会はこの戦争を終結させ、ウクライナに平和をもたらすことはできないのか。

1 戦争の違法化

(1) 概説 人類は、その長い歴史において、**戦争**を条件付きで容認しつつ、その規制と**平和**の実現に関心をもち続けてきたといってよい。戦争は、特に伝統的国際法において、国際法の執行手段、紛争の解決手段、そして政治的主張・利益の実現手段として国々において広範に用いられてきた歴史があり、「戦争」と「法」は必ずしも相容れないものではない。勿論、「正義の実現」をその一目的とする法にとって、戦争の存在は否定すべきものかもしれない。ただ、国内社会であろうと国際社会であろうと、法の実現には一定の強制力が必要である。そして、主権を有する国々に**紛争の平和的解決**を強制し、軍事力を用いた**自力救済**（⇒本書❷4）を禁止し得る上位機関が存在しない以上、国際社会における戦争の発生は不可避であり、その根絶もまた困難である。よって、国際社会において問われるべきは、戦争の根絶や国の有する強制力・軍事力の除去ではなく、その管理・組織化をいかに達成するかということになる。

(2) 歴史的経緯 戦争を規制する取り組みは古来より存在する。戦争を正しい戦争と不正な戦争とに区別し、前者のみを許容することで戦争に一定の規制を及ぼそうとした「**正戦論**」もその1つである。正戦論は、中世のキリスト教神学者たちによって理論化され、17世紀には「国際法の父」とも呼ばれる**グロティウス**によって法理論として拡充された。その後、中世キリスト教秩序の崩壊と**主権国家体制**への移行が徐々に進展し、戦争の正・不正を判断する権威的存在の不在と国際法の**法実証主義**化も相まって、19世紀ごろには正戦論の衰退が決定的となった。結果、戦争は国策遂行の一手段として自由に実施できるとの考え方が諸国・学説において主流となり、戦争を規制する取り組みは、戦争それ自体の正当性・許容性を問うものではなく、戦争行為の適切性を問うものへとシフトしていった。

近代国際法における「戦争の自由」の許容は、分権的な国際社会の構造的特徴と国際政治の実態に即したものではあったが、他方で、国家暴力の最大の発現行為である戦争を合法とすることは、秩序の維持と正義の実現を目指す法秩序にとってはあまりに負の影響が大きく、問題をはらむものであっ

→1 戦争と平和の定義
「平和」は多義的な概念である。平和研究で著名なヨハン・ガルトゥングは、まず、暴力を「直接的暴力（direct violence）」「構造的暴力（structural violence）」「文化的暴力（cultural violence）」の3形態に分類した上で、直接的暴力の停止を意味する平和を「消極的平和（negative peace）」、そして構造的暴力・文化的暴力の克服を意味する平和を「積極的平和（positive peace）」と定義した。戦争も多義的な概念であるが、「国家間における軍事力を用いた暴力的な闘争」との理解が一般的である。

→2 グロティウスの正戦論
グロティウスは1625年に刊行した『戦争と平和の法』において、自然法と万民法によって戦争を法的に位置づけ、かつ規制することを理論的に試みた。正当原因に基づく戦争を合法な戦争と位置づけ、その原因を「防衛、回復、刑罰」の3つに求めた。戦争を国家間戦争に限定せずに私戦を含めたことや、自然法思想を基盤に据えた理論体系を構築したことから、グロティウスを主権平等原則に基づく近代国際法の祖とみなすことには批判もある。

→3 戦争の規制に関する法の諸体系（⇒本書⓯）
戦争を規制する国際法は、正戦論にみられるように戦争それ自体の規制を目的とする「戦争の合法性に関する法（jus ad bellum ユス・アド・ベルム）」と、交戦当事者間の平等性に基づき、非人道的な兵器の規制や傷病者の保護などを目的とする「戦争の遂行方法・手段に関する法（jus in bello ユス・イン・ベロ）」の2つに大別される。

た。事実、国家の近代化や軍事技術の発達によって戦争被害が質量ともに拡大していくにつれ、「戦争の自由」は見直しを強いられることになる。その見直しの動きが「**戦争の違法化**」であり、主として**不戦条約**などの多数国間条約と、国際連盟（連盟）と国際連合（国連）という2つの普遍的国際組織により試行されていったのである。

連盟は、第一次世界大戦の講和条約である**ヴェルサイユ条約**の一部でもあった**連盟規約**により設立された。本規約は、連盟加盟国が他の加盟国に対して戦争に訴えることを一部禁じたが（12条1項、13条4項、15条6項）、規約上は戦争の権利が留保されるなど（15条7項）、事実上、加盟国が戦争に訴えることは容認されていた。結果、連盟における戦争違法化の試みは、第二次世界大戦の勃発を阻止することにはつながらず、その失敗は、国際組織の枠組みを利用した戦争違法化の試みにとって、解決すべき課題を露呈することにもなった。そして、連盟期における取り組みの限界・欠点への反省に立ち、「戦争」という文言よりも広い射程の概念である「**武力行使（use of force）**」を規律対象として採用したのが、1945年に設立された国連の設立条約である**国連憲章（憲章）**であった。

（3）**武力行使禁止原則の成立とその特徴**　憲章2条4項は、加盟国間における「武力による威嚇または武力の行使」を禁止した。それは、開戦宣言（宣戦布告）を要する正式の戦争に限らず、事実上の戦争を含む広範な国際的武力紛争をその規律対象下に置くものであり、また、その規律対象を「戦争」に限定していた連盟規約・不戦条約の法的な抜け穴を塞ぐものでもあった。同規定に盛り込まれた**武力行使禁止原則**は、多数国間条約である憲章にその基礎を置くものだが、**ニカラグア事件**（⇒本書⓭1）において確認されたように、現在では**慣習国際法**上の原則としても確立している。同原則が現代国際法の重要規範の1つであり、紆余曲折を経てようやく確立した「戦争違法化」の結晶たる規範でもあることから、これを**強行規範**（⇒本書❷2）とみなす立場も少なくない。その一方で、国連創設後も、世界では多く

▶▶4　不戦条約
「戦争違法化」の取り組みは、連盟の枠組みの外でも多数国間条約を通じて行われていた。その中で最も重要とされるのが、パリ条約やブリアン＝ケロッグ条約とも呼ばれる1928年の不戦条約（戦争放棄に関する条約）である。不戦条約は、締約国間においてはじめて戦争を一般に禁止し、その放棄を明示した条約である。しかし、その禁止・放棄の対象が「国際紛争解決のための戦争」「国策遂行の手段としての戦争」であり、かつそれが開戦宣言などを伴う正式の「戦争」に限定されていると解釈できる余地があったこと、米国が条約批准時に「自衛のための戦争」が同条約の対象外であるとの認識を公文で明らかにしたこともあり、同条約の効果にはやはり限界があったのである。

▶▶5　2条4項「武力（force）」の意味
「すべての加盟国は、その国際関係において、武力による威嚇又は武力の行使を、いかなる国の領土保全又は政治的独立に対するものも、また、国際連合の目的と両立しない他のいかなる方法によるものも慎まなければならない」と規定する本条は、戦争はもちろん、戦争に至らない武力行使を禁止しており、その結果、武力復仇（armed reprisals）も禁じられた。「武力（force）」が軍事力（armed force）のみを意味するのか、それとも経済・政治的な力による強制をも含むのかについては憲章の起草過程で議論になったが、友好関係原則宣言において、それらの

コラム⓮-1　例外であれば常に合法？

　憲章第7章に基づく軍事的措置のうち、42条に基づく措置は法的に「加盟国の個別の行為」というよりも「国連自体の行為」と位置づけられる。国連の行為であれば、その軍事的措置の実施に参加している加盟国が引き起こした損害やその国際違法行為に伴う法的責任は、国連が負うことになる。したがって、42条に基づく措置はそもそも2条4項の規律の射程外に置かれており、「国連」の武力行使が2条4項違反に問われることはない。ただ、42条の軍事的措置に参加している各国部隊の行為が、国連の行為とはみなされないような、国連の統制を離れたり無視したりする重大な違反行為や故意・重過失による行為が行われたりすれば、それは「加盟国の行為」とみなされ、当該国が2条4項違反に問われることにもなり得る。なお、39条に基づく勧告や冷戦後に慣行化した「許可」決議に基づく武力行使が、「加盟国の行為」なのか「国連の行為」なのかについては議論がある。他方で、自衛権はまさに国の「固有の権利」（憲章51条）

の行使として位置づけられ、国家責任法でも違法性阻却事由の一つにも挙げられている（国家責任条文21条）ことから、当該権利に基づく武力行使は2条4項の射程に含まれる「加盟国の行為」ではあるものの、51条および慣習国際法上の行使要件（例：均衡性・必要性要件）に適合する限りにおいて合法となる（違法性が阻却される）。つまり、行使要件に適合しない武力行使は自衛権がもたらす法的な保護を失い、2条4項の射程内の行為として同条違反が問われることになるのである。

　このように、「例外」として一旦位置づけられた行為・活動が、常に法的にその地位を保証されるとはかぎらない。特に、その「例外」が禁止規範に対するものである場合には、これを制限的に解釈することが重要となる。例外が容易化・常態化し、原則と例外が実質的に入れ替わることになれば、原則としての禁止はもはやその実効性を失ったとも言い得るからである。

の戦争・国際的武力紛争が発生しており、最重要規範であるはずの同規定は度重なる違反に直面してきた。そのため、同規定の実効性や最重要規範としての法的な位置づけが論争の的になることも少なくない。

(4) **武力行使禁止原則の例外** 憲章上、加盟国が2条4項に抵触せずに合法的に武力を行使できるのは、憲章第7章に基づく**安保理**による軍事的措置に参加する場合、憲章第8章に基づく地域的強制行動（ただし、安保理の許可を条件とする。）に参加する場合、憲章51条に基づき**個別的・集団的自衛権**を行使する場合、そして**旧敵国条項**（53条、107条）に基づき行動する場合に限定される（⇒**コラム⓮-1**）。旧敵国条項は、国連発足当時の過渡期に機能することが想定されていたため、現在ではその存在意義を失っており、削除が相当であるとの認識が諸国で定着している。

この他にも、憲章中に関係する明文規定は存在しないが、加盟国の武力行使を合法化する法的根拠として、正統政府の要請又は同意があげられる。国の同意は**国家責任条文**における**違法性阻却事由**（⇒**本書❷4**）の1つであり、一般国際法の規律を受ける。その意味では、国連憲章の「法的な空隙」において、**正統政府の要請・同意**が事実上の武力行使禁止原則の例外として機能しているといえる。他方で、在外自国民保護を理由とする武力行使や、**人道的干渉**（人道的介入、保護する責任）としての武力行使については、自国の軍事行動を正当化する根拠として濫用されてきた歴史的経緯もあり、国際法上その合法性は確立してはおらず、2条4項の例外とはいえない。

2 安全保障の組織化

(1) **概　説** 「安全保障（Security）」は一般に、脅威の不在、すなわち危害・危険・不安などを免れている状態を意味するものであって、かつ、その確保の手段や脅威の具現を防ぐ措置を含む概念とされる。そして、自国の安全を確実にすること、すなわち国家安全保障（National Security）の問題は、すべての国家にとって最重要の政治的関心事項である。

国家に関する安全保障はその性質上、**個別安全保障**（Individual Security）と**集団安全保障**（Collective Security）に二分される。前者は、国家が自国の生存を優先的な保護利益と考え、そのために行う措置、政策、体制をいい、後者は、諸国の合意に基づき成立している集団的秩序を、諸国の協働により維持・回復することを目指す安全保障制度をいう。前者の代表例が、主としてウェストファリア条約成立以後の欧州を中心に第一次世界大戦まで用いられてきた**勢力均衡**（Balance of Power）方式であり、後者の代表例が、連盟と国連において導入された集団安全保障制度である。条約などの国家間の合意を軸に形成・展開される前者に対して、後者は条約に加えて国際組織の存在を安全保障の形成・運用にとって重要な枠組みと位置づけるものであり、その意味で「安全保障の組織化」の試みともいえる。問題は、安全保障の組織化が、「戦争の違法化」と同調するものなのか、これと結びつかない「個別安全保障の強化」を意味するものなのかである。

(2) **勢力均衡** **現実主義**（リアリズム）によれば、多様かつ競合的な多数の国々によって構成される国際社会において、勢力均衡方式はその実態に即した必然的な安全保障方式であり、また国際関係における安定的要因でもあるとされる。国家は、自国の国力の増大を図りつつ、他国の国力の減少を

➡6　旧敵国条項の死文化
旧敵国条項がもはやその法的な意義を失っていることについては、諸国の認識はほぼ一致している。たとえば、2005年に開催された世界サミット（国連首脳会合）で採択された成果文書において、「我々は、総会決議50/52を考慮し、総会で行われた関連の議論を想起し、国連の創設にかかる深遠な大義に留意し、我々の共通の将来をみつめて、国連憲章第53条、第77条および第107条における『敵国』への言及を削除することを決意する。」と宣言されていることも、このことを裏付けている。

➡7　正統政府の要請・同意に基づく武力行使
国際法学者のカッセーゼは、「憲章には武力行使に対する主権国家の同意の問題が明記されておらず、それが個別国家の行動に対する実質的な『許可』にまで拡大するような『巨大な抜け穴』であり、その様子は『憲章をさまよう亡霊』である」と危惧していたが、正統政府の要請・同意に基づく武力行使は実際にも少なくない。2011年に始まったシリア内戦ではロシア・トルコ・アメリカなどがシリア領内で軍事活動を実施しており、その武力行使はシリア政府の同意の範囲内で合法とされてきた。また2015年に始まったイエメン内戦でも、サウジアラビアを中心とした多国籍軍による軍事介入がイエメンの正統政府の要請に基づく合法なものとして扱われている。

➡8　人道的干渉
一般に、人道的破局や大規模人権侵害に対して、他国・国際機関・NGO等が何らかの措置を行うことを「人道的干渉」あるいは「保護する責任」と呼ぶ。「人道的干渉」として国際法上問題になるのは、その介入が武力を伴うものであり、事態が発生している領域国の同意を得ずに行われる他国の一方的な行為の場合である。人道的干渉は、武力行使が禁止された現代国際法でも例外として主張されることがあり、安保理の許可を得ずにNATO諸国により実施された1999年のコソボ空爆もその一例とされる。

➡9　同盟体制の組織化
同盟体制である北大西洋条約機構（NATO）は、1949年に署名・発効した北大西洋条約によって設立され、その意思決定は全加盟国

図ろうとする。そうした国家間において力関係が均衡すれば、安定が生じることになる。これが勢力均衡のメカニズムである。勢力均衡方式それ自体は、武力行使が禁止された現在においても機能し得るが、歴史的に同方式が主たる安全保障システムとして活用されたのは「戦争の違法化」以前である。

勢力均衡方式は、敵対国（仮想敵国）に対抗することを目的とし、友好国と同盟関係を構築することで、対抗国家間に力の均衡が生じ、相手側を攻撃できない状態が創出される（＝抑止力が発生する）。ただ、現実には相手側の力の評価・判定が不確実にならざるを得ず、相互不信により対決度が上昇するという欠点が指摘されている。実際、両大戦も強国の同盟体制の激突という形をとったことがその証左といえる。

（3）**集団安全保障制度**　国際社会における軍事力・強制力の管理・組織化に関心を有する国際法学においても、集団安全保障の問題は国際組織のあり方の問題と組み合わされて検討されてきた。集団安全保障の概念は古くから存在するが、現在の国際組織にみられる制度に関しては米国大統領ウィルソンの平和構想が大きく影響したといわれる。

理論上の集団安全保障の本質は、「一人は全員のために、全員は一つの目的のために（One for all, All for one）」であり、安全保障システムに共同体アプローチを導入したものともいえる。集団安全保障が機能するには、主観的条件と客観的条件を満たすことが重要とされる。前者は、共同体の構成国を違法に攻撃した国が現れた場合、これを構成国全体にとっての平和侵害とみなし、その他の全構成国が共同対処に参加すること（平和の不可分性、対処の義務性）、そして、共同対処を信頼し、軍備の増強や排外的外交・軍事政策をとらないこと（共同体への信頼）である。後者は、他の全構成国が対処してもこれを打ち破ることができる強大国が生じないよう、国力差がある程度平準化していること（権力の分散）、共同対処にあたり、各国が事態認定・それに必要な措置を個別に判断するのではなく、共同体がその判断を下すこと（非恣意性）である。したがって、勢力均衡方式との決定的な違いは、「戦争

代表で構成される理事会において行われる。そもそもソ連を中心とした共産圏を仮想敵国とし、集団的自衛権に基づく共同防衛義務（5条）を明文化しており、集団安全保障体制とはみなせない。共同防衛に関する意思決定や指揮・作戦体制の組織化という点では「安全保障の組織化」の試みではあるものの、意思決定は全会一致が原則であり、本質的には「個別安全保障の強化」の域を出ない。

⇒10　**ウィルソンの平和構想**
第28代米国大統領ウッドロウ・ウィルソンは、秘密外交の禁止や軍備縮小、植民地問題の公平な解決や諸国の包括的連合などを掲げた14か条の平和原則を公表し、また実際に連盟の創設に尽力した人物として有名である。ウィルソンは、第一次世界大戦の終結を見据え、戦争の自由や軍事同盟を軸とした勢力均衡方式とは相いれない戦後国際秩序を構想し、国際社会のすべての国々が侵略行為に対処するという集団安全保障制度の導入も提唱した。ただ、上院の反対により、米国は連盟に加盟できなかった。

⇒11　**連盟の集団安全保障制度**
連盟では戦争違法化が徹底せずにその規制に抜け穴が存在していたが、これに加え、共同対処システム（連盟規約16条）の側にも欠陥があった。まず、加盟国にその実施が義務づけられる共同対処手段が経済制裁にとどまり、軍事制裁については理事会に陸海空軍の

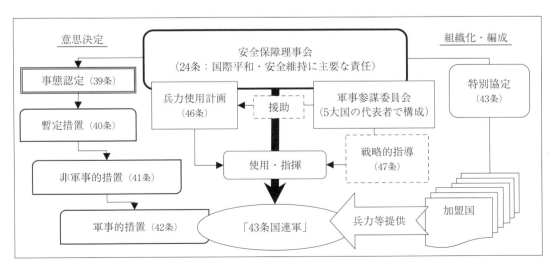

資料⓮-1　国連集団安全保障制度

14　国際社会の平和はどのように維持されているのか？

の「違法化」を前提とすること、仮想敵国を想定しないこと、共同対処における制度化・組織化を必要とすることである。そのため、連盟の失敗への反省にたった国連では、事態の認定と制裁措置の選択・決定権限を安保理に集約し、制裁手段としても軍事的措置を導入するに至ったのである（⇒資料⓮-1）。

国連は、**憲章2条4項**で武力行使を原則禁止しつつ、安保理が第7章に基づき「**平和への脅威・平和の破壊・侵略行為**」の事態認定（39条）と必要な軍事的・非軍事的強制措置の決定（41、42条）を行う集団安全保障制度を導入した。言い換えれば、国連は、「武力による私的自力救済の一律禁止」と「その担保としての公的な紛争処理」という車の両輪によって、「国際の平和及び安全」を維持・回復するように企図されたのである。しかし、東西冷戦の影響と常任理事国間の意見対立もあり、国連の集団安全保障制度はその実体化に失敗した。同制度では、各常任理事国が決議を葬り去ることのできる「**拒否権**」（27条3項）を有していたため、国際的に実効的な対処が必要な問題・紛争を前に安保理は機能不全に陥った。また、**43条の特別協定**に基づき創設・編成されるはずの「国連軍」について、その規模や指揮統制のあり方をめぐって常任理事国間に解消し難い意見対立が存在していた。結果、常任理事国を含むすべての国が「国連軍」創設に必要な特別協定を締結しなかったのであり、憲章に定められた「国連軍」が実体化することもなく、また42条の軍事的措置が発動されることも一度もなかったのである。

（4）**国連集団安全保障制度の実体化失敗への対応**　冷戦期は拒否権行使によって安保理が度々機能不全に陥ったが、冷戦が終結し拒否権行使の可能性が一旦消えると、安保理では憲章が想定するのとは異なる形で集団安全保障制度の復活が試みられることになった。それが、「**許可**（Authorization）」方式ともよばれるものである。それは、1990年のイラクによるクウェート侵攻に対処すべく、安保理が米国を中心とする多国籍軍に対して、憲章第7章に基づき武力行使を含む「あらゆる必要な措置をとることを許可する」との決議678を採択し、この決議に基づき米軍等が大規模な軍事行動を展開したことにはじまる。この「許可」方式は憲章上の明示の根拠を欠くものの、その後も類似の決議が採択されるようになり、今では合法な実行として諸国に受け入れられるようになった（⇒資料⓮-2）。

この「許可」方式の特徴は、決議の効果は**勧告**でしかなく、実施は強制されないこと（任意性）、あくまで加盟国の任意に基づく活動であるため、加盟国の要望を汲む形での決議採択になりやすいこと（合意性）、指揮統制権限は加盟国が有するため、安保理による監督統制は実効的ではないこと（裁量性）である。その意味では、憲章が集団安全保障制度の機能化に必要な権限を安保理に集約したにもかかわらず、その一部を手放して加盟国に戻すかのような状況が生じているのである。当該方式が、「戦争の違法化」と「安全保障の組織化」の取り組みにとってどのような評価を受けるのかについては、国際秩序維持の実効性や国連憲章体制への影響といった評価基準に照らして慎重に検討する必要があろう。

（5）**PKO**　国連集団安全保障制度の実体化失敗への対応として編み出されたもう1つの方式が、**国連平和維持活動**（PKO）である。これは冷戦期に登場した実行であって、国連が指揮権を有するものの、本質的に第7章に

➡12　43条特別協定
第7章の軍事的な強制措置において安保理が利用する「国連軍」は、安保理と各加盟国が兵力拠出等について事前に合意し、その取極め内容に基づき拠出された各国軍隊により構成されることになっていたが、常任理事国間で国連軍の規模や指揮権のあり方について意見が一致せず、結果として同協定を締結した国は現れず、「国連軍」もその実体化に失敗した。

➡13　朝鮮国連軍
軍事境界線によって分断されていた南北朝鮮で、1950年に金日成率いる北側が突如軍事境界線を越えて南側に軍事侵攻を始めた（朝鮮戦争）。本問題を討議していた安保理では、中国代表権問題への抗議からソ連が欠席していたこともあり、拒否権の発動もなく、米国の主導で国連軍派遣に関する「勧告」決議が採択され、朝鮮国連軍の実施に至った。国連旗の使用が許可され、「国連軍（United Nations Forces）」「国連軍司令部（United Nations Unified Command）」の呼称も用いられてはいたが、総司令官が米国大統領によって任命されるなど、憲章が想定した集団安全保障制度の発動ではなかった。

➡14　「許可」方式の評価基準
例えば憲章想定の集団安全保障制度もPKOも機能しない状況において、文民の安全確保や人道支援活動の護衛といった安保理決議の任務・目的を達成するために手を挙げる国があるのであれば、当該国に一定の裁量を認めて実施を委ねることは有用ともいえる。たとえそうした実施形態が、憲章上安保理に委ねられた権限を浸食し、同制度を実質的に修正するものになったとしても、憲章を現実の政治状況に合わせて変更するものとして肯定的に捉えることも可能かもしれない。無論、憲章の正規の改正手続（108条）を経ずに実施されるその修正は、「法の支配」に反し、よって許容できないとの指摘も首肯に値する。「国連と法」のあり方が問われているといえる。

前段（左欄）：
分担程度を各国に提案する義務を課したのみだった。つぎに、1921年の総会決議（16条適用方針）において、連盟規約違反の戦争が発生したかどうかについての判断権を加盟国に認め、また、規約に明示された経済制裁の措置内容について、これを軽微な措置から開始し漸次厳格化する裁量を加盟国に与えた。結果、制裁実施義務が弱体化され、その発動が各国の主観的な判断に委ねられることになったのである。

基づく軍事的措置とはみなせない、非強制的な活動を中核とする国際ミッションである。

PKOは伝統的には同意原則、自衛原則、中立（公平）原則を基礎とするミッションであり、憲章に明文の根拠規定はないものの、憲章上の安保理の権限を侵害せず、また第7章の軍事的措置でもないため、憲章に違反しないものとして定着・制度化した活動である。停戦・休戦監視にあたる伝統的なPKOは、後に選挙監視や戦後復興・国家再建支援なども担う大規模・多機能型PKOへと発展した。これは、国連が内戦への政治的関与を増大させ、内戦終結と民主化プロセスに積極的に関与するようになった冷戦終結前後に、PKOもその活動の一翼を担う重要な存在とみなされたことによる。この「第二世代PKO」の成功は、その後ソマリアや旧ユーゴスラビアで実施された「PKOの平和強制化」の試みにつながることになるが、十分な装備・権限と明確な任務を与えられない「強制化」は名ばかりであったため、PKO要員に多くの被害を生じさせることにもなったのである。

その後、PKOは「強制化」失敗への反省から伝統的な原則への回帰を意識しつつも、強固な交戦規則と明確な任務の付与（「ブラヒミ・レポート」）や、自制しつつも最終的には武力行使を行うこと（「キャプストン・ドクトリン」）など、「**強力な平和維持（robust peacekeeping）**」への移行を提言されている。そして、内戦の頻発によってPKO派遣需要が減少しないこと、「許可」事例の減少によりその代替的役割を担わされたこと、現地の治安状況の悪化や国連への攻撃・不信から犠牲が多く生じたことなどもあり、PKOには再び「平和強制化」の波が押し寄せているといえよう。

➡15 **PKO創設**
軍隊の派遣を伴う本格的な実施としては第一次国連緊急軍（UNEF I）がその始まりである。1956年のスエズ危機に対しカナダの外相ピアソンは、ハマーショルド事務総長に国際的な平和警察軍の派遣構想をもち掛け、事務総長を説得した上で総会に提出されたカナダ提案が採択され、事務総長に緊急国際国連軍の派遣計画を具体化するよう要請がなされた。この要請を受けて48時間という短時間で作成・提出された報告書に盛り込まれた緊急軍の編成および機能に関する指導原則が総会で承認されたことにより、国連史上初となるPKO創設が実現した。

➡16 **平和への課題（Agenda for Peace）**
1992年、ブトロス＝ガリ事務総長が予防外交・平和創造・平和維持のための国連の機能強化に関する提言をまとめた報告書。紛争の再発を防止するための重要な取り組みとして「平和構築（peace-building）」概念を掲げるとともに、平和創造を実現するための一手段として「平和執行部隊（peace-enforcement units）」構想を明らかにした。この部隊は、43条「国連軍」とは別の組織であり、PKOでは対応できないような事態（例：戦闘激化による停戦の破綻）に対して、安保理の許可を受け、事務総長の指揮統制の下に任務にあたるとされ、同構想は実際に第2次ソマリア活動（UNOSOM II）に取り入れられたが、結果失敗に終わった。

資料⓮-2　加盟国・多国籍軍への許可事例

「あらゆる必要な措置」の類型		「許可」決議番号（活動地）
対国家（侵略の終了および撤退確保）		678（イラク）
国内措置	武装解除（支援を含む。）	1244（コソボ）1497（リベリア）1973（リビア）2127（CAR）
	停戦維持・撤退管理	1031, 1088, 1575, 2019（B/H）1244（コソボ）1778（チャド）
	国境等管理	1031, 1088, 1575, 2019（B/H）1244（コソボ）
	飛行禁止・制空権・空港確保	1031, 1088（B/H）1484, 1671（DRC）1973（リビア）
	和平履行環境確保	940（ハイチ）1497（リベリア）1511（イラク）
	秩序・治安維持	1244（コソボ）1386（アフガニスタン）1497（リベリア）1511（イラク）1529, 2699（ハイチ）2085（マリ）2127（CAR）
	民主化・憲政支援	940, 1529（ハイチ）
	人道支援確保	794（ソマリア）929（ルワンダ）1080（ザイール）1101（アルバニア）1244（コソボ）1264（東ティモール）1484（DRC）1497（リベリア）1529（ハイチ）1778（チャド）2085（マリ）2127（CAR）
	難民・文民・国際諸機関要員の保護	929（ルワンダ）1244（コソボ）1264（東ティモール）1464（コートジボワール）1484（DRC）1529（ハイチ）1671（DRC）1778（チャド）1973（リビア）2085（マリ）2127（CAR）
	任務遂行確保・移動の自由確保・自衛	1031, 1088, 1575, 2019（B/H）1101（アルバニア）1125（CAR）1264（東ティモール）1386（アフガニスタン）1464（コートジボワール）1484（DRC）1497（リベリア）1529（ハイチ）2085（マリ）
	治安部隊再建支援	2085（マリ）2127（CAR）2699（ハイチ）
	地雷除去の監督	1244（コソボ）
	地域PKOの支援	1464, 1527（コートジボワール）、2100（マリ）、2127（CAR）

注1：B/H…ボスニア・ヘルツェゴヴィナ、CAR…中央アフリカ共和国、DRC…コンゴ民主共和国
注2：ミッションの延長決議は除く。また、国連PKOへの許可事例も除く。

「戦争」にもルールがあるのか？

➡1 ロシアによる自衛権援用の意味と理由

国際法上の自衛権を主張したということは、少なくとも建前上、国際法を無視できないとロシア自身が認めていることを意味する。なお、本件に限らず、武力行使をした国は自衛権で正当化しようとすることがほとんどである。現代国際法では、安保理の許可に基づく強制的措置（国連憲章7章）を除けば、自衛権が武力行使禁止原則の唯一の例外であると考えられているからである（⇒本書❶）。

➡2 戦争、事実上の戦争、武力行使

国際法上の「戦争」に該当するためには、戦争開始の意思表明である「宣戦」という形式を伴うことが必要とされてきた。しかし、そのような定義の下で「戦争」を禁止しても、宣戦を伴わないという意味での「事実上の戦争」（事変等）は、禁じられていないと解釈される余地が残ってしまう。そこで、宣戦の有無にかかわらず、軍事力（武力）を実質的に規制することが国際の平和と安全を維持する上で重要であるとの理解に基づき、国連憲章体制下では「武力行使」が禁止されることになった。したがって、「武力行使」は「戦争」を含む、より広い概念であるといえる。

➡3 カロライン号事件で主張された自衛権の意義

カロライン号事件の発生当時、「武力行使」は米英間を含む国際社会で一般に禁じられていなかったが、「国家主権」概念は一般に成立していた。カロライン号が襲撃された停泊地はカナダ国境の米国側の港であった。反徒勢力に押され同港が米国の管理不能（主権が実質的に及んでいない状態）となっていたとしても、米国の主権は形式上問題とされた。英国の主張は少なくとも、そのような形式的な領域主権侵害を正当化しようとするものであったといえる。なお、国連憲章体制下の自衛権は武力行使を正当化するものであることから、武力行使が禁じられていなかった時代のカロライン号事

> **設例** 2022年2月、ロシアはウクライナへの侵攻を開始した。みなさんはニュースを通じて、ロシアが世界から批判されていることを耳にしてきたことだろう。でもロシア自身はどのように考えているのだろう。ロシアは基本的に自衛権で正当化できると主張した。では自衛権とは何か。逆にウクライナには自衛権はないのか。自衛権としてならば敵国の市民や病院、学校を攻撃してもよいのか。核兵器を使用してもよいのか。この戦争を私たち市民はただ見守ることしかできないのか。国際法を学ぶことで何をできるようになるのか。

1 自衛権

(1) 自衛権はいつ、なぜ誕生したのか？ 国連憲章51条には自国を守るための「個別的自衛権」と、他国（主に同盟国）を守るための「集団的自衛権」が規定されている。この自衛権の起源はどこにあるのか。この問いに対し、しばしば引用されてきたのは1837年のカロライン号事件である。同号は、英国からの独立を目指すカナダ反徒を支援する米国籍船であった。同船を襲撃した英国に対して米国は、他にとるべき手段がなかったこと（必要性の要件）、自衛の必要の範囲内の対応であったこと（均衡性の要件）の立証を求め、英国はそれに応じた。これらの要件は、当時の慣習国際法上の自衛権の要件を反映するものともいわれる。もっとも、当時は戦争等の武力行使が国際社会で一般に禁止されておらず、**武力行使を正当化する必要のない時代であった**。同事件で主張された自衛権も武力行使を正当化するものではなかった。しかし、第二次世界大戦後の武力行使禁止原則の確立に伴い、今日では武力行使を例外的に正当化するものとして自衛権は位置づけられている。

なお、同事件で問題とされたのは個別的自衛権である。**集団的自衛権**は第二次世界大戦を経て誕生した。安保理が拒否権のために機能しない場合でも、武力に劣る国が自国を守るために同盟国から軍事援助を得られるように、国連憲章51条で（個別的自衛権に加えて）新たに集団的自衛権が武力行使禁止原則の例外として認められることになった。

(2) 個別的自衛権で自国を守るための条件とは？ 通説によれば、第一次世界大戦の反省に基づく戦争違法化の過程で、慣習国際法上の自衛権の行使は「武力攻撃が発生した場合」に制限され（「**武力攻撃**」要件）、そのことが国連憲章51条で確認された。「武力攻撃」とは「武力行使」の最も重大な形態である（1986年ニカラグア事件ICJ判決）。「武力攻撃」の発生時点は、行為の「着手」の時点とされる。「着手」前に自衛権発動を認める先制的自衛論は濫用の危険が大きいため批判も多い。「**武力攻撃**」の主体については「国家」に限定されるか否かを巡り学説上、対立がある。上記の「必要性の要件」と

94　第Ⅴ部　平和の維持・武力の規制と国際法

「均衡性の要件」は、国連憲章に明記されてはいないが、慣習国際法によって補われる要件とされる。その他、手続的要件として、自衛権援用国は、とった措置を直ちに安保理に報告しなければならない。自衛権は、安保理が「必要な措置をとるまでの間」に認められる暫定的性格を有するにとどまる。

(3) 集団的自衛権で同盟国を守るための条件とは？　集団的自衛権の行使要件として、個別的自衛権の上記要件の他、武力攻撃を受けたとの被害国の宣言と、同国からの援助要請が追加される。それらは被害国の意思を無視して大国が問題に介入することを防止する上で重要である（⇒コラム⓯-1）。

2　武力紛争法

(1) 発展史と基本構造：戦争が違法化されても戦争の仕方のルールが残るのはなぜか？　第一次世界大戦以前に戦争は一般に禁じられていなかった。しかし、好ましいとも考えられてはいなかった。好ましくないと考えられる不正な戦争を規制すべく正戦論が唱えられた。しかし、神聖ローマ帝国の権威が事実上ほとんど失われていた時代において、不正と正当とを判別する権限をもつ判定権者は不在にも等しかった。判別できない以上、やはり戦争は禁じられていないとして、無差別戦争観が主流としての地位を確かなものとしていった。しかし戦争を禁じる法がない状況下では、戦争による犠牲は凄惨を極めていくことになる。実際、イタリアの支配権をめぐるフランス対オーストリアの戦い（1859年 ソルフェリーノの戦い）では1日に死者約6千人、負傷者約4万人が出た。その惨状に遭遇したアンリ・デュナン（スイス人の実業家）の提唱を契機に、戦争犠牲者を保護するための最初のジュネーヴ条約が1864年に成立した。この種の法は発祥地（条約締結地）のジュネーヴにちなんで「ジュネーヴ法」と総称される。他方で1899年と1907年にはハーグ万国平和会議で、戦闘の手段・方法を規律する条約が多数採択された。この種の法も発祥地（会議開催地）にちなんで「ハーグ法」と総称される。このように、戦争を制限・禁止するような *jus ad bellum*（ユス・アド・ベルム：

件は、そもそも自衛権の先例ではないとする見方も有力である。

➡4　集団的自衛権の起草理由
第二次世界大戦終盤、米州諸国は戦後を見据え共同防衛のための地域的取極（チャプルテペック規約）を締結したが、国連憲章の起草過程において地域的取極に基づく強制行動には安保理の許可が必要とされることになった。拒否権の濫用により当該強制行動がとれない場面が出てくることを危惧した米州諸国は、安保理の許可がなくても共同防衛がとれることを求めた。その結果、国連憲章に集団的自衛権が導入されることになった。

➡5　「集団的自衛権」と「国連の集団安全保障体制」の関係
国連の機能にも限界がある。安保理は拒否権濫用の危険を抱えているし、国連が紛争現場に駆けつけるまでには時間もかかる。その間、「武力攻撃」を受けた国は自ら単独または同盟国と協力して、自国防衛を図らざるをえない。このような国連の限界を補うべく個別的・集団的自衛権は、武力行使禁止原則の例外としてのみならず、国連の集団安全保障体制を定める憲章第7章の一部としても位置づけられている。つまり、自衛権には同体制を「補完」する役割も期待されている。期待に応えるためには国連の目的に鑑み、自衛権の行使要件の明確化と遵守が重要となる。さもなければ自衛権は濫用され、国連の集団安全保障体制と「対立」するものになりかねない。

コラム⓯-1　国際法上の自衛権と日本国憲法9条

　2014年7月1日、閣議決定で集団的自衛権の限定的行使を容認すると決まった。以下は誤解されやすい重要点である。第1に、日本が国際法上の集団的自衛権を保有していることはそれが国連憲章51条に明記されていることからも明らかである。ただ、戦争の反省を踏まえ、憲法9条の下、集団的自衛権の行使は認められないとする立場を政府は堅持してきた。つまり、国際法上認められる権利の行使を憲法で「自粛」してきた。上記閣議決定は、日本の安全保障環境の変化に鑑み、その「自粛」を緩める趣旨である。その是非は、基本的には国際法というより憲法の問題である。実際、憲法による自粛緩和は、保有する国際法上の自衛権の範囲内であれば、国際法上は問題ない。第2に、「憲法」と「法律」の関係は、単なる上下関係ではない。両者では「役割」が異なる。国家は法律を通じて国民の自由を制約できるが、その制約が行き過ぎぬよう、国民は憲法を通じて国家の自由裁量を制約できる。憲法の役割の本質は、国家の自由裁量に歯止めをかけることにある。その歯止めを外せるのは本来、国家ではなく国民である。そうでなければ歯止めの意味がない。第3に、したがって憲法の意味内容の重大な変更には、「改正」のための国民投票が必要とされる。ただし、それが憲法の文言を変更せざるをえないほど重大でなければ、「解釈変更」で済ませることもありうる。政府は今回の自粛緩和では閣議決定に基づく「解釈変更」を選択した。憲法による歯止めを一部であれ失った今、（国民の自由を制約する）法律を作る国会議員を選ぶ際に一層慎重な判断（上記閣議決定を受けて翌年成立した平和安全法制の運用上の妥当性判断や法律改廃の判断等も含む）が国民に求められている。

図　憲法と法律

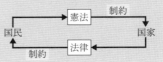

➡️6 「武力攻撃」要件に関する制限説と非制限説の対立
自衛権の行使が「武力攻撃」事態に制限されるか否かを巡り、制限されないとする説（非制限説）と、制限されるとする説（制限説）とが長く対立してきた。国連憲章と慣習国際法のいずれにおいても、制限説が通説とされる。制限された時期については、慣習国際法と国連憲章の関係を巡って争いは残るが、次の理解が有力である。すなわち、慣習国際法上の自衛権については、第一次世界大戦後の戦争違法化の過程（国際連盟の会議、不戦条約に対する各国の解釈公文等）で制限された。その結果、国連憲章制定時には既に「武力攻撃」に制限されていた。国連憲章51条はその制限を確認したにすぎない（主唱者は田畑茂二郎、Brownlie）。

➡️7 「武力攻撃」に至らない「武力行使」
「武力攻撃」に至らない「武力行使」への対応方法も問題とされている。小さな「武力行使」でも積み重なれば、総合的に「武力攻撃」とみなされるという理論（「事態の累積理論」）や、自衛権以外の法理での対応可能性（「武力による対抗措置」等）を模索する学説もある。しかし、被害国自身による武力対応には濫用の危険もありし、その理論を国際司法裁判所が認めているかどうかについても議論は残る。濫用の危険回避を重視する立場からは、「武力攻撃」に至らない「武力行使」の事態に対しては、安保理による対応が、拒否権の問題は残るものの、探求されるべきとの意見も有力である。

➡️8 「武力攻撃」の主体と「武力行使」の主体
このような学説上の対立の原因は、国連憲章51条に「武力攻撃」の主体について明記されていないことにある。一方で、テロリストのような非国家主体でも「武力攻撃」を行うことができるという説と、他方で、彼らは国内法上の犯罪者に過ぎず、国際法上の「武力攻撃」を行える立場にはないとする説とが激しく対立してきた。この点、あるべき法の要素を含みうる議論として、「テロリストのような非国家主体であっても、武力行使の実質的能力をもつようになれば、武力行使禁止原則に服さなければならない」とする考え方も出てきており注目される。それを前提とすれば、武力行使禁止原則に違反して「武力攻撃」を行うテロリストに対する自衛権行使は、その他の行使要件を充たす限り許されることになる。

戦争に訴えることを規制する法）が未発達な中でも、最低限度の人道的配慮は必要との認識が高まり、「犠牲者の保護」と「戦闘の手段・方法の規制」の両面から、戦争の仕方を規制する法である jus in bello（ユス・イン・ベロ）が発展してきた。

その後、第一次世界大戦の反省を踏まえて、戦争違法化が進むとともに、違法性の判定権者としての機能を期待される普遍的な国際組織（国際連盟・国際連合）も創設された。しかし戦争が違法化されれば、直ちに戦争がなくなるわけではない。戦争を禁じる法が存在することと、その法が守られるかどうかは、別次元の話だからである。戦争を禁じる法が守られない場合に実際に生じてしまう戦争を規律し犠牲者を保護する必要が残るため、戦争を違法化した jus ad bellum の確立後も jus in bello は（「武力紛争法」の名で）残った。そして国際人権・自決権の登場・高揚に伴い、「国家間」の武力紛争だけでなく、それ以外の武力紛争も射程に含むものとして発展してきた。

すなわち、第一次・第二次世界大戦は「国家間」の武力紛争であり、国益の前に個人の尊厳は踏みにじられた。ナチズムに基づく大虐殺のような異様な事態もあった。その反省から、平和を維持するために個人の尊厳を守るべく国際的な人権保障が求められた。個人の人権を守るための前提基盤として、民族・人民単位での集団的な人権ともいうべき自決権も重視されるようになり、国連憲章に人権と並び人民の自決権が規定された（1条）。しかし実際には、自決権は言語や文化等の集団的価値の保障に貢献してきた反面、その価値を死守するための内戦も誘発してきた。そこで、内戦の事態にも最低限度守られるべき人道的基準が、ジュネーヴ諸条約（1949年）に規定された（共通3条）。こうして、国家間の武力紛争は「国際的武力紛争」として、内戦は「非国際的武力紛争」として整理され、その区別を踏まえつつ jus in bello は発展していくことになった。ただし、植民地独立運動の位置づけ方については課題が残った。植民地を独立国家となるべき存在と捉えれば、独立運動の一環としての宗主国に対する人民の闘争は、宗主国内の単なる内戦ではなく、むしろ国家間紛争に準ずるものとして扱われるべきではないか。そのような考え方が自決権にも支えられ主流となっていった。そして植民地解放闘争は国際的武力紛争の方に分類され、1977年のジュネーヴ第1追加議定書で詳細に規律されることになった。それを受け同年、非国際的武力紛争の規律は別途、ジュネーヴ第2追加議定書で補足されることになった。

1990年代には冷戦に代わり内戦が各地で深刻化した。内戦が国際化する複雑な事態にも対応すべく国際的な刑事裁判所が設置されていった。判例の蓄積により jus in bello の内容も明確化・充実化された。2000年代には大規模越境テロの脅威が台頭した。テロとの闘いを「武力紛争」とみなせるか、みなせるとしても国際的武力紛争と非国際的武力紛争のいずれに分類されるのかといった問題が浮上した。さらに今日では、人工知能（AI）を用いた自律型致死兵器システム（LAWS）等の新しい戦闘の手段・方法を武力紛争法でいかに規制していくかが重要な問題となってきている（⇒本書❶2）。

このように、jus ad bellum により戦争の制限・禁止が進んだ後でも、法の不遵守に対応すべく、jus in bello は存続してきた。その適用場面は国際的武力紛争と非国際的武力紛争に分けられる。そのいずれに分類されるべきかという問題をときに一部の紛争に残しつつ、双方の紛争を規律するハーグ法

とジュネーヴ法が発展してきた（詳細は以下（3）、（4）および資料⓯-1参照）。

（2）**特　徴**　武力紛争法の特徴として特に以下の2点が重要である。

第1に、武力紛争法は犠牲者保護と軍事的必要とのバランスを図る法である。武力紛争法は国際人道法とも呼ばれ、武力紛争犠牲者等への人道的配慮を求めるものである。しかし、1人の犠牲者も出すことを許さないというものではない。バランスを図っても出てしまう犠牲はやむをえないものとされる。

第2に、武力紛争法（*jus in bello*）は、*jus ad bellum*上の評価にかかわらず、紛争当事者間に原則として平等に適用される（平等適用論）。かつては、*jus ad bellum*違反となる武力行使に訴えた国とその被害国とでは、適用される武力紛争法の内容に差異が設けられるべきとする考え方（差別適用論）も有力視されたが、今日では支持されていない。実際にも、人道的観点からは、*jus ad bellum*違反国の国籍を有する市民であるというだけの理由で、本来罪のない市民が（攻撃禁止対象から外される等）差別的に扱われるべきではない。

（3）**国際的武力紛争はどのように規制されているのか？**　国際的武力紛争法は交戦中に適用されるのが原則だが、例外的に交戦終了後の占領地域にも引き続き適用される。以下では交戦中の規制を中心に見てみよう。

国の軍隊構成員（とそれに準ずる者）には**戦闘員資格**が認められる。戦闘員資格をもつ者は、合法的に戦闘行為をすることができる。殺傷破壊行為をしても、武力紛争法に従った行為である限り、法的責任を追及されない。

ハーグ法に着目してみよう。主に1907年のハーグ陸戦条約および附属規則に規定されている。それらは当時の慣習国際法を反映したものといわれている。その後の発展も踏まえ、ハーグ法の内容は戦闘手段に関する規則と、戦闘方法に関する規則に大別される。戦闘手段に関する規則は、使用する兵器を規制するものである。無差別な効果または過度な苦痛を伴う兵器は使用自体が禁じられる。たとえば、過度な苦痛の観点からは、人体への着弾時の衝撃により弾頭が割れ広がり、手術による摘出を困難とするダムダム弾は禁止される（1899年ダムダム弾禁止条約）。摘出困難にまでしなくても戦闘不能

→9　**ジュネーヴ条約と赤十字国際委員会**
デュナンは傷病兵を救護するために、組織を創設し、その活動を条約で保護する仕組みを考えた。それが1863年の赤十字国際委員会の設立および1864年のジュネーヴ条約の成立へ、さらには1949年のジュネーヴ諸条約の成立へとつながっていった。その後も赤十字国際委員会は、関連条約の履行監視、慣習国際法の明確化のための研究、法の普及等を通じて、武力紛争法の発展に貢献してきた。なお、赤十字国際委員会によれば、同委員会はNGOでも国連機関でもない。ジュネーヴ諸条約等によって人道的役割を与えられた国際人道支援組織である。本部はジュネーヴに置かれている。

→10　**「ルールが存在すること」と「ルールが守られること」**
赤信号を渡ってはいけないという交通ルールが存在することと、そのルールが実際に守られるか否かは別の話である。同様に、戦争禁止のルールがあることと、それが守られるかどうかは別の話である。

→11　**戦闘員資格（⇒本書⓬）**
戦闘員資格保持者の範囲の詳細は、本書⓬の→8戦闘員資格参照。

→12　**核兵器の法的規制**
核兵器による威嚇・使用については、1996年に国際司法裁判所が勧告的意見として「武力紛争に適用される国際法の規則、特に人道法の原則および規則に一般的には反するであろう」と述べた。ただし、「自衛の極限状況」について

資料⓯-1　武力紛争法と中立法の構造

表　武力紛争法の構造（主な条約）

	ハーグ法	ジュネーヴ法
国際的武力紛争	・ハーグ陸戦条約・規則（1907年） ・ジュネーヴ諸条約第1追加議定書（1977年）	・ジュネーヴ諸（四）条約（1949年） ・ジュネーヴ諸条約第1追加議定書（1977年）
非国際的武力紛争	※	・ジュネーヴ諸条約共通3条（1949年） ・ジュネーヴ諸条約第2追加議定書（1977年）

※ハーグ法を含む武力紛争法の多くは慣習国際法として、国際的武力紛争に加え非国際的武力紛争にも適用される。

図　中立法の構造

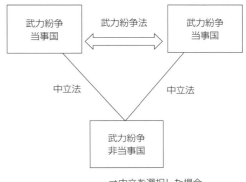

⇒中立を選択した場合、中立義務を負う。

は確定的に結論することはできないと付言した（⇒うらんⓖ-2）。2017年には核兵器禁止条約が採択された。核兵器の開発・生産・保有・使用等を包括的に禁止する初めての条約として注目されているが、反対国も多くまだ慣習国際法を反映しているとはいえない。

➡13 **捕虜資格**
捕虜の身体・名誉・財産は保護される（ジュネーヴ第3条約14, 18条）。必要な食料、衣服、医療等を、捕虜の抑留国は提供しなければならない（同15, 26, 27条）。

➡14 **戦時復仇禁止に対する留保**
ただし、他に手段がないときに武力復仇に訴える権利を留保する国も少なくない。戦時復仇は国際法上、完全には禁止されてはいないとする見方が有力である。

➡15 **武力紛争法の履行確保**
自国の利益を代弁する中立国（利益保護国）を通して、武力紛争法の遵守を敵国に求める利益保護国の制度がある。しかし、そもそも利益保護国が指定されることは少ない。国際事実調査委員会による事実調査もあるが実績に乏しい。

➡16 **伝統的な中立義務**
第一次世界大戦以前の中立義務は、3つの義務から構成される。第1に「黙認義務」である。中立国は、当事国により損害を与えられても、武力紛争法や中立法の範囲内であれば、黙認しなければならない。第2に「避止義務」である。当事国に対する援助（武器供与等）を、中立国は慎まなければならない。第3に「防止義務」である。中立国領域が当事国により作戦行動用に使用されることを防止しなければならない。

➡17 **中立義務を守るメリット**
第一次世界大戦以前においては、中立義務を守らなければ、戦争に巻き込まれる危険があった。逆に、中立義務を守っても、戦争に巻き込まれない権利（中立にとどまる権利）はせいぜい、できる限り尊重されたにとどまり、保障まではされなかった。同大戦以前に戦争は禁じられていなかったからである。それが今日の通説とされてきた。しかし反対説も出てきている。中立義務を守っても中立にとどまる権利が保障されないなら、義務を守る意味が失われ制度として成立しなかったはずであり、当時の国家実行も中立にとどまる権利を肯定していたという。もっとも、いずれであったにせよ、今日では中立義務の遵守・不遵守にかかわらず武力行使は原則禁止される。

化の目的は通常達成可能と考えられることから、過度な苦痛を伴う兵器とみなされる。無差別な効果の観点からは、毒ガス兵器が禁じられる（1925年毒ガス議定書）。踏んでしまえば敵兵であろうと子どもであろうと見境なく爆発する地雷も禁じられる（1997年対人地雷禁止条約）。**核兵器**については小型であれば使用場所によっては常に無差別とはいえないとの意見がある。これに対しては、毒ガスが常に無差別とみなされるなら、当然に核兵器もそうみなされるべき等の反論もあり、議論は残る。

戦闘方法の規制の中核に、軍事目標主義が位置づけられる。それによれば、「人」は戦闘員と文民に区別され、「物」は軍事目標と民用物に区別される。戦闘員・軍事目標への攻撃は認められるが、文民・民用物への攻撃は認められない。ただし、文民であるにもかかわらず「敵対行為に直接参加する者」は攻撃対象とされる。軍用にも民用にも使用される原子力発電所への攻撃は、文民たる住民に重大な損失をもたらす場合には原則禁止とされる。

ジュネーヴ法に着目してみよう。その中心となるのはジュネーヴ諸条約（1949年）であり、傷病兵はジュネーヴ第1条約で、難船者は同第2条約で、捕虜は同第3条約で、文民は同第4条約で保護される。これらに規定される規則の多くは慣習国際法を反映するものといわれている。注意すべきは**捕虜資格**であり、戦闘員は捕虜資格を得るが、その逆（捕虜は戦闘員資格を得る）は成立しない。実際、軍隊随伴文民（従軍記者、軍隊の福利機関の構成員等）のように、戦闘員資格をもたないのに捕虜資格をもつ者もいる。

(4) **非国際的武力紛争の特徴とは？** 国際的武力紛争と比べ、非国際的武力紛争を規律する条約は少ない。ジュネーヴ諸条約共通3条とジュネーヴ第2追加議定書（1977年）にとどまる。それらは分類上、主にジュネーヴ法に属する。非国際的武力紛争に対応するハーグ法の発展に、諸国は一層消極的であった。実際、戦闘員特権の存在を前提として発展してきたハーグ法を、非国際的武力紛争に導入することに諸国は躊躇した。非国際的武力紛争では反政府組織構成員に戦闘員特権は認められず、彼らは基本的に国内法上の犯罪者に過ぎないとする考え方が、多数の政府から支持を集めてきた。しかし戦闘員特権のような問題は例外的に残るとしても、人道的観点からは、国際的武力紛争と非国際的武力紛争とで法的保護の程度・内容に差異を設けるべきではないという考え方が次第に有力になってきている。それによれば、ハーグ法を含む武力紛争法の多くは慣習国際法として、国際的武力紛争に加え非国際的武力紛争にも適用されるようになってきている。

(5) **武力紛争法を守らせるにはどうすればいいのか？** 武力紛争法の違反国に対しては、他方の紛争当事者は国際責任を追及し、賠償等を求めることができる。拒否された場合に対抗策として戦時復仇が認められるかが争点とされてきた。戦時復仇とは、相手の武力紛争法違反をやめさせるために、自ら同様の違反を相手にすることである。高い抑止効果が期待できるという。しかし、自国文民が違法に攻撃対象とされたからといって、敵国文民を違法に攻撃対象とすることは人道的観点から望ましくない。戦時復仇の連鎖を招く恐れもある。そこで、ジュネーヴ諸条約では文民等の被保護者に対する**戦時復仇**が禁止された。戦闘員に対する攻撃の手段・方法を中心に戦時復仇の余地は残るが、その余地も限定的とされている。

罪なき市民を巻き込まずに武力紛争法を守らせる方法として、武力紛争法

違反の容疑者を、その所在国が自ら訴追し（つまり自国の裁判にかけ）、または、関係国に引き渡す方法もある。しかし、訴追・引き渡しの意思または能力を容疑者の所在国が十分もっていない場合には、公正な国内裁判は実現せず不処罰の問題も残る。改善策として1990年代以降、国際法に基づいて設置される国際的な刑事裁判所が設立されてきた（たとえば、旧ユーゴスラビア国際刑事裁判所、ルワンダ国際刑事裁判所、国際刑事裁判所（⇒本書⓬3））。

3 中立法

(1) 伝統的な中立法とは？ 国際法上の「中立法」は、中立について規定した国際法規の総称である。武力紛争の「当事国」間の関係を規律する「武力紛争法」に対し、「中立法」は武力紛争の「当事国」と「非当事国」の関係を規律するものとして誕生した（⇒資料⓯-1）。実際、戦争が一般に禁止されていなかった第一次世界大戦以前において、中立法は戦争を局限化するものとして機能した。すなわち当事国は、非当事国を戦争にできるだけ巻き込まないよう要請された。その代わりに非当事国は、中立を選択した場合（つまり、軍隊の投入により戦争に途中参加しない場合）には、当事国に対して**中立義務**を負うものとされた。
➡16 ➡17

(2) 現代でも中立法は残っているのか？ 国連安保理が「侵略行為」等の存在を決定し（国連憲章39条）、強制措置の発動を決定した場合、非当事国が中立の立場をとることは許されない。安保理の決定は法的拘束力を有し（同25条）、国連加盟国は協力義務を負い（同2条5項）、その協力義務は中立義務に優先するためである（同103条）。しかし安保理が機能不全に陥り、武力行使の違法性認定や強制措置の発動ができない場合もある。この場合の**非当事国の地位**については未解決の部分も残る。もっとも、安保理機能不全の場合でも、*jus ad bellum* は無効になるわけではなく、引き続き適用される。
➡18 ➡19
国連の集団安全保障制度を支える *jus ad bellum* と両立しうる範囲内で、国連の目的（同1条）に資すべく、中立法には機能する余地が残されている。

➡18 **武力紛争非当事国の地位**
無差別戦争観が支配的であった時代に、交戦国（武力紛争の当事国）間の公平を前提として、伝統的中立法は誕生・発展した。しかし、武力行使禁止原則の確立に伴い、侵略国と被侵略国を公平に扱うことへの疑義が生じた。一部の第三国は侵略国に対抗するため、軍隊の投入まではしないが被侵略国への武器供与はするという立場をとるようになった。「交戦国」ではないが「中立国」とも言い難いことから、「非交戦状態」の態度をとる国（「非交戦国」）と呼ばれる。当該態度をとることは中立法違反か。そうであったとしても中立法に違反すれば自動的に交戦国とみなされるわけではない。交戦国になるか否かは、基本的には武力紛争法の適用開始条件を充たしたか否かによる。

➡19 **安保理機能不全時における *jus ad bellum* の継続適用**
国連が（安保理機能不全等のため）武力行使の違法／合法を判定できないときは、神聖ローマ帝国が（権威失墜のため）戦争の不当／正当を判定できないときと類似する。判定権者の不在という事態の類似性に着目すれば、国連（安保理、国際司法裁判所等）が判定できないときには無差別戦争観が復活し、*jus ad bellum* の適用は否定されることになるのか。そうはならないだろう。さもなければ、世界大戦の再来につながりかねない。2度の大戦の反省から「判定権者の存否」と「*jus ad bellum* 適用の可否」は基本的に別問題であるとの見解が今日では有力である。

コラム⓯-2 私たち市民は戦争の傍観者でよいのか？

　戦争に関する様々な決定は国家権力が行うことであり、我々市民の力の及ばない話であると無気力・無関心になってはいないだろうか。国際法を知り、活用することで、国家権力に果敢に立ち向かったNGOの話をしよう。
　核兵器使用に反対するNGOも協力して、最大の訴求効果を得られる方法について考えた。地方自治体より国、国より国連、国連の中でも法に訴えるなら国際司法裁判所の影響力が広大である。そうであれば同裁判所に核兵器使用は違法であるとの判断を示してもらいたい。しかし、国際司法裁判所への出訴権は国に限られる。唯一の被爆国である日本はサンフランシスコ平和条約で原爆犠牲者の損害賠償を含む賠償請求権を放棄している。被爆国である一方で、核保有国（米国）との同盟関係により自国の安全を確保してきた日本の立場も悩ましい。しかし、国際司法裁判所の役割は判決を出すことに限られない。国際組織からの要請に応じて勧告的意見を与えることも重要な役割である。そのことを知っていた市民の活動が、世界中のNGOの連携（「世界法廷プロジェクト」）を生んだ。そして核兵器をもたない非同盟諸国等の協力も獲得し、国連総会からの要請という形で、国際司法裁判所に勧告的意見（1996年）を求めることに成功した。核兵器使用は一般論として国際人道法に違反する旨の勧告的意見であった。それを引き出したNGOの成果は、国際法を学ばず勧告的意見の仕組みを知らなければ、得られなかったであろう。同様の事例が他にもないか調べてみよう。そして将来、私たちにできる市民活動の機会にも備えて、18歳から国際法を学ぶ意義について再考してみよう。

図　市民による国際法の活用

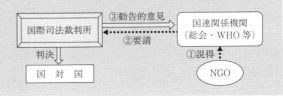

基本文献案内

国際法をさらに学習しようという読者のために

1 入門的な教科書・概説書

岩本誠吾・戸田五郎『はてなの国際法』（晃洋書房、2022年）

植木俊哉編『ブリッジブック国際法（第3版）』（信山社、2016年）

大森正仁編『入門国際法』（法律文化社、2024年）

加藤信行・植木俊哉・森川幸一・真山全・酒井啓亘・立松美也子編『ビジュアルテキスト国際法（第3版）』（有斐閣、2022年）

佐藤義明・石垣友明・小林友彦・坂巻静佳『ここからはじめる国際法』（有斐閣、2022年）

杉原高嶺『基本国際法（第4版）』（有斐閣、2024年）

玉田大・水島朋則・山田卓平『国際法（第2版）』（有斐閣ストゥディア、2021年）

2 体系的な教科書

浅田正彦編『国際法（第5版）』（東信堂、2022年）

岩沢雄司『国際法（第2版）』（東京大学出版会、2023年）

加藤信行・萬歳寛之・山田卓平編『概説国際法』（有斐閣、2024年）

小松一郎『実践国際法（第3版）』（信山社、2021年）

中谷和弘・植木俊哉・河野真理子・森田章夫・山本良『国際法（第5版）』（有斐閣アルマ、2024年）

森川俊孝・佐藤文夫編『新国際法講義［改訂版］』（北樹出版、2014年）

柳原正治・森川幸一・兼原敦子編『プラクティス国際法講義（第4版）』（信山社、2022年）

3 分野別概説書

● 国際組織法・EU法

佐藤哲夫『国際組織法』（有斐閣、2005年）

庄司克宏編『国際機構（新版）』（岩波書店、2021年）

中西優美子『EU法』（新世社、2012年）

山田哲也『国際機構論入門（第2版）』（東京大学出版会、2023年）

● 国際人権法・刑事法

尾﨑久仁子『国際人権・刑事法概論（第2版）』（信山社、2021年）

申惠丰『国際人権法（第2版）』（信山社、2016年）

芹田健太郎『国際人権法』（信山社、2018年）

東澤靖『国際人権法講義』（信山社、2022年）

● 国際環境法

西井正弘・鶴田順編『国際環境法講義（第2版）』（有信堂、2022年）

松井芳郎『国際環境法の基本原則』（東信堂、2010年）

● 国際経済法

中川淳司・清水章雄・平覚・間宮勇『国際経済法（第3版）』（有斐閣、2019年）

柳赫秀編『講義国際経済法』（東信堂、2018年）

4 判例集

小寺彰・森川幸一・西村弓編『国際法判例百選（第3版）』（有斐閣、2021年）

杉原高嶺・酒井啓亘編『国際法基本判例50（第2版）』（三省堂、2014年）

松井芳郎編集代表『判例国際法（第3版）』（東信堂、2019年）

中村民雄・須網隆夫編『EU基本判例集（第3版）』（日本評論社、2019年）

『国際司法裁判所 判決と意見』（全6巻：国際書院）

『ヨーロッパ人権裁判所の判例』（全2巻：信山社）

5 条約集

● 毎年刊行されているもの

『国際条約集』（有斐閣）

『ベーシック条約集』（東信堂）

● その他

『ハンディ条約集（第2版）』（東信堂、2021年）

『コンパクト学習条約集（第3版）』（信山社、2023年）

6 学会誌・商業雑誌

国際法外交雑誌（国際法学会）

世界法年報（世界法学会）

国際法研究（信山社）

EU法研究（信山社）

国際人権（国際人権法学会）

索　引

あ 行

アカウンタビリティ　33
安全保障理事会（安保理）　39, 90
EU
　──運営条約　34
　──からの脱退　39
　──基本条約　34
　──司法裁判所　34, 37
　──条約　34
　──法秩序　36
　──法の優位の原則　37
一括受諾方式　58
一般国際法　9, 90
一般的意見　73
違法性阻却事由　12, 90
違法、無報告及び無規制漁業（IUU漁業）　50
ウィルソン
　──主義　20
　──の平和構想　91
ヴェルサイユ条約　89
ウティ・ポシデティス原則　45
NDC　67
欧州委員会　36
欧州議会　36
欧州経済共同体（EEC）　34
欧州原子力共同体（Euratom）　34
欧州首脳理事会　34
欧州人権裁判所　69
欧州人権条約　69
欧州石炭鉄鋼共同体（ECSC）　34
オブザーバー国家　30

か 行

外交保護権　13
海面上昇　63
海洋プラスチックごみ　52
海洋保護区　52
家屋税事件　81
核兵器　98
カロライン号事件　94
管轄権　→国家管轄権
　刑事──　78
　裁判──　22
　執行──　22
　普遍的──（普遍主義）　23, 75
　立法──　22
勧告的意見　84
慣習（国際）法　2, 8, 31, 89
関税譲許　56, 57
関税と貿易に関する一般協定（GATT）　11, 56
気候難民　67
気候変動
　──に関する政府間パネル（IPCC）　62, 66
　──の緩和・適応措置　65
　──変動枠組条約　64
基線　48
旧敵国条項　90
旧ユーゴスラビア国際刑事法廷（ICTY）　75, 76, 99
強行規範　7, 10, 89
共存の国際法　2
強制措置　31, 99
京都議定書　65
協力の国際法　2
許可方式　92
近代国際法　5
拒否権　30, 92
グロティウス　6, 88
経済通貨同盟　39
経済連携協定（EPA）　35, 37, 61
決定的期日　44
現代国際法　6
公海　48, 51
効果主義　25
国際違法行為　12
国際海事機関（IMO）　37, 66
国際海洋法裁判所（ITLOS）　52, 82, 85
国際行政連合　29
国際刑事裁判所（ICC）　75, 77, 82, 99
国際コントロール　4, 32
国際私法　2, 24
国際司法裁判所（ICJ）　17, 82
　──規程　8, 9
　──の管轄権　83
国際社会　3
国際組織　4, 28, 35
　──の国際責任　33
　──の決議　9
国際紛争平和的処理条約　80
国際法　2
　──は法か？　4
　──の主体（性）　2, 16, 70
国際法人格　30, 36
国際連盟規約　6, 29, 89
国際労働機関（ILO）　28
国内管轄事項　7
国内社会　3
国連（国際連合）　29, 89
　──海洋法条約　48, 84
　──軍　92
　──憲章　6, 17, 29, 89
　──人権理事会　69
　──平和維持活動（PKO）　92
個人通報制度　70
国家
　──からの独立や分離　16
　──結合　17
　──元首の免除　79
　──承継　20
　──承認　18
　──の要件　16
　──報告制度　72
　──免除（主権免除、裁判権免除）　26
国家管轄権　22
　──の域外行使（適用）　24
国家責任　63
　──条文　12, 90
混合協定　37
コンセッション　60
コンセンサス方式　64

さ 行

最恵国待遇　56, 60
裁判手続　80
30年戦争　5
暫定措置　84
サンフランシスコ平和条約　46
自衛権　94
　個別的──　90, 94
　集団的──　90, 95
ジェノサイド（集団殺害犯罪）　75
シェンゲン圏　39

101

時際法　*43, 44*
自然法　*6*
持続可能な開発　*64*
実効的支配　*45*
実質的連関　*25*
自動執行性　*12*
事務総長　*30, 82*
社会権規約　*11, 68*
自由権規約　*11, 68*
集団安全保障（制度）　*30, 90, 91*
主権国家（体制）　*5, 6, 88*
ジュネーヴ4条約（ジュネーヴ諸条約）　*74, 95*
受容方式　*11*
遵守要因　*4*
常設国際司法裁判所（PCIJ）　*9, 82*
常設仲裁裁判所（PCA）　*81*
尚早の承認　*18*
常駐外交使節団　*26*
条約　*2, 8*
　　――の採択、署名、批准　*10*
　　――の留保　*10*
自力救済　*13, 88*
自律型致死兵器システム（LAWS）　*7, 96*
深海底　*48, 51*
人権の主流化　*7, 69*
真正な結合　*24*
人道的干渉（人道的介入、保護する責任）　*90*
人道に対する犯罪　*77*
人民の自決権　*17, 44, 70*
侵略犯罪　*77*
スティムソン主義　*18*
ストックホルム人間環境会議　*63*
ストラドリング魚類　*49*
制限免除主義　*27*
制裁措置　*4*
政治的グループ　*36*
正戦論　*88, 95*
政府承認　*19*
生物多様性条約　*37, 52, 65*
勢力均衡　*90*
世界人権宣言　*9, 68*
世界貿易機関（WTO）　*37, 58*
　　――協定　*58*
　　――（の）上級委員会　*58*
　　――（の）パネル　*58*
絶対免除主義　*27*
尖閣諸島　*46*
先決裁定手続制度　*38*

先決的抗弁　*84*
宣言的効果説　*18*
戦時復仇　*98*
戦争の違法化　*6, 89*
戦争犯罪　*74*
選択条項受諾宣言　*83*
戦闘員資格　*76, 97*
総括所見　*72*
相互主義　*4, 32, 70*
創設的効果説　*18*
属人（国籍）主義　*23*
属地主義　*22*
ソフト・ロー　*9*

た　行

対抗措置　*4, 13, 59*
対世的義務　*18, 70*
大陸棚　*48*
竹島　*46*
多国籍軍　*92*
多数国間フォーラム　*4*
多数決制　*30*
たばこ規制枠組条約　*11, 32*
チャゴス諸島事件　*18, 84*
中立法　*99*
超国家組織　*35*
ティモール海事件　*81, 85*
締約国会議（COP）　*62, 64*
東京裁判　*74, 76*
投資紛争解決国際センター（ICSID）　*61*
特別協定　*92*
特権免除　*26, 31*
トバール主義　*20*
富丸事件・豊進丸事件　*85*
トリーキャニオン号事件　*53*
トリガー・メカニズム　*77*
トレイル熔鉱所事件　*42, 62*

な　行

内国民待遇　*56, 60*
内的自決　*18*
名古屋議定書　*65*
南極海捕鯨事件　*9, 83*
ニカラグア事件　*80, 89*
二国間投資協定　*13, 60*
日韓併合条約　*43*
ニュルンベルク裁判　*74, 76*
ネガティブコンセンサス方式　*58, 59*

は　行

ハーグ平和会議　*29, 80*
排出量取引　*66*
排他的経済水域（EEZ）　*48*
発展的解釈　*71*
パフォーマンス要求　*60*
パリ協定　*37, 66*
パレスチナ占領政策事件　*84*
BBNJ協定　*51, 52*
「引渡しか訴追か」の義務　*24, 74*
非裁判手続　*80*
非政府団体（NGO）　*2, 28*
不戦条約　*6, 89*
武力攻撃　*94*
武力行使（use of force）　*89, 94*
　　――禁止原則　*89*
　　――の違法化→戦争の違法化
武力紛争
　　国際的――　*96, 97*
　　非国際的――　*96, 98*
プレア・ビヘア寺院事件　*44*
文化多様性条約　*32*
紛争の平和的解決　*88*
　　――義務　*80*
平和への脅威　*92*
変型方式　*11*
法実証主義　*6, 88*
法的安定性　*43*
法典化　*8, 10, 32*
法の一般原則　*9, 83*
ポーツマス条約　*80*
補完性の原則　*78*
保護主義　*23*
補償原則　*60*
ポツダム宣言　*46*
北方領土　*45, 81*
捕虜資格　*98*

ま　行

マリア・ルース号事件　*81*
マンキエ・エクレオ島事件　*45*
未承認国　*19*
水俣条約　*65*
みなみまぐろ事件　*53, 85*
民族　*17*
無差別戦争観　*95*
無主地　*43, 44*
免除の国際法規則　*79*
黙示的権限の法理　*30*
MOX Plant事件　*53*

モンテビデオ条約　*16*

　　　　　や　行

友好関係原則宣言　*17*
ヨーロッパ協調　*6, 29*
予防原則　*49*

　　　　　ら　行

ラウンド交渉　*57*
ラグラン事件　*84*
ラムサール条約　*65*
リオ宣言　*64*
領域
　　——権原　*43*
　　——主権　*42, 63*
　　——使用の管理責任　*42, 63*
領海　*48*
領事機関　*26*

ルワンダ国際刑事法廷（ICTR）　*75, 76, 99*
レインボー・ウォーリア号事件　*82*
連盟規約→国際連盟規約

　　　　　わ　行

枠組条約　*64*

■著者紹介（執筆順、＊は編者）

＊佐藤哲夫	（さとう　てつお）	一橋大学名誉教授・広島市立大学名誉教授	1
＊渡辺　豊	（わたなべ　ゆたか）	新潟大学法学部教授	2
中村江里加	（なかむら　えりか）	帝京大学法学部助教	3
渡邉剛央	（わたなべ　たけひさ）	岡山理科大学獣医学部教授	4
丸山政己	（まるやま　まさみ）	山形大学人文社会科学部教授	5
＊中西優美子	（なかにし　ゆみこ）	一橋大学大学院法学研究科教授	6
柳生一成	（やぎゅう　かずしげ）	広島修道大学法学部教授	7
佐藤智恵	（さとう　ちえ）	明治大学法学部教授	8
佐藤弥恵	（さとう　やえ）	一橋大学（法科大学院）兼任教員	9
藤田大智	（ふじた　だいち）	横浜国立大学大学院国際社会科学研究院講師	10
初川　彬	（はつかわ　あきら）	一橋大学社会科学高等研究院特任講師	11
竹村仁美	（たけむら　ひとみ）	一橋大学大学院法学研究科教授	12
石塚智佐	（いしづか　ちさ）	東洋大学法学部教授	13
佐藤量介	（さとう　りょうすけ）	成城大学法学部准教授	14
近藤　航	（こんどう　わたる）	城西国際大学国際人文学部准教授	15

18歳からはじめる国際法

2025年5月5日　初版第1刷発行

編　者　佐藤哲夫・渡辺　豊
　　　　中西優美子

発行者　畑　　光

発行所　株式会社　法律文化社

〒603-8053 京都市北区上賀茂岩ヶ垣内町71
電話 075(791)7131　FAX 075(721)8400
customer.h@hou-bun.co.jp
https://www.hou-bun.com/

印刷／製本：西濃印刷㈱
装幀：白沢　正
ISBN 978-4-589-04416-7

Ⓒ 2025 T. Sato, Y. Watanabe, Y. Nakanishi
Printed in Japan

乱丁など不良本がありましたら、ご連絡下さい。送料小社負担にてお取り替えいたします。
本書についてのご意見・ご感想は、小社ウェブサイト、トップページの「読者カード」にてお聞かせ下さい。

JCOPY　〈出版者著作権管理機構　委託出版物〉

本書の無断複写は著作権法上での例外を除き禁じられています。複写される場合は、そのつど事前に、出版者著作権管理機構（電話 03-5244-5088、FAX 03-5244-5089、e-mail: info@jcopy.or.jp）の許諾を得て下さい。

〈18歳から〉シリーズ

学問の世界への第一歩
法律文化社

新入生を対象に、高校までの"勉強"とはひと味ちがう"学問"のおもしろさを感じてもらうための入門書シリーズです。18歳の目線で捉えた具体的な事象からひもとき、各科目の基礎となるエッセンスを解説しています。

＊Ｂ５判・カバー巻・100〜120頁

18歳からはじめる憲法〔第2版〕	水島朝穂 著	2420円
18歳から考える人権〔第2版〕	宍戸常寿 編	2530円
18歳からはじめる民法〔第5版〕	潮見佳男・中田邦博・松岡久和 編	2420円
18歳から考える家族と法	二宮周平 著	2530円
18歳から考える消費者と法〔第2版〕	坂東俊矢・細川幸一 著	2420円
18歳からはじめる情報法〔第2版〕	米丸恒治 編	2530円
18歳からはじめる国際法	佐藤哲夫・渡辺豊・中西優美子 編	2420円
18歳からはじめる知的財産法	大石玄・佐藤豊 編	2530円
18歳から考えるワークルール〔第3版〕	道幸哲也・加藤智章・國武英生 編	2640円
18歳からはじめる環境法〔第2版〕	大塚直 編	2530円
18歳から考える日本の政治〔第3版〕	五十嵐仁 著	2530円

大森正仁編著〔Basic Study Books〕
入 門 国 際 法
Ａ５判・278頁・2750円

世界中で起きる事柄で国際法に関わる事例は枚挙に暇がなく、その重要性は非常に高くなっている。しかしその全体像の理解が難しくなっているように思われる。本書は、現在の国際法を巡る様々な問題を考慮に入れ、最新の情報を踏まえてわかりやすく解説する。

中西優美子著
ＥＵ基本権の体系
Ａ５判・368頁・4290円

EUの権限拡大、EU基本権憲章、EU司法裁判所の判例における基本権の内容、EUと構成国の関係、EU基本権と欧州人権条約、EU対外関係、実施など、EU基本権を詳細かつ包括的に論じた初めての理論体系書。

法律文化社

表示価格は消費税10％を含んだ価格です